Das Geheimnis des meditierenden Waldes

Yoga für Kinder

Violeta Arribas

Cover und Layout: CELIA ANTÓN SANTOS
Grafiker: EDUARDO COBO JURADO
Redaktion: EVA MARGARITA GARCÍA

Du hast Fragen, Ideen oder Anregungen?
Melde dich per Mail bei uns:
service@mentor-verlag.de

Wenn ihr Lust habt, noch mehr über unseren Verlag zu erfahren,
dann folgt uns doch einfach auf Instagram: @mentorverlag
Wir freuen uns!

ISBN: 978-3-948230-05-0
1. deutschsprachige Ausgabe, 2. Auflage 2020

Gedruckt in Litauen

www.mentor-verlag.de

FSC www.fsc.org
MIX
Papier aus verantwortungsvollen Quellen
FSC® C107574

Spanischer Originaltitel: „Yoga y Meditación para Niños“
ISBN: 978-84-415-4031-6

An das Mädchen, das meine Mutter
war, mit dem fortwährenden und ehrlichen Lächeln,
Blick und neugierigem Geist, Körper fröhlichen Tanzes und Stimme süßen Liedes.
In ihrer Schuld stehend, mich auf die Welt gebracht zu haben,
mich gestillt und für mich gesorgt zu haben mit dem gleichen Eifer einer Wölfin,
die ihre Welpen im Wald beschützt und führt. Dafür, mir gezeigt zu haben,
stark zu sein und niemals aufzugeben. Dir, Mama, Estrella dein Name,
unendliche Bewohnerin deines Bergchens,
widme ich dieses Buch mit all meiner Liebe.

Inhaltsverzeichnis

Dankeschön

Danke an meinen Vater, der meine Liebe zur Natur geweckt und mich für sie sensibilisiert hat. Einen Teil ihrer Weisheit, versuche ich nun an meine LeserInnen weiterzugeben.

Mein tiefer Dank gilt Eva Margarita García, einer tollen Frau, die für eine bessere Zukunft für die Kinder von morgen kämpft. Als Förderin und Verlegerin dieses schriftlichen Abenteuers trägt sie dazu bei, dass die Vermittlung der Werte des Yoga bei den Jüngsten ankommt.

Ich danke von ganzem Herzen meinen Freunden Jorge und Marta Escudero, die das wunderbare Centro de Educación Ambiental „La Dehesa“ in Riópar, Albacete, leiten. Es ist ein magischer Ort, an dem Kinder lernen, die Natur zu lieben und an dem Erwachsene zu ihrem inneren Kind zurückkehren. Ihre hervorragende Arbeit um auf den Tier- und Umweltschutz aufmerksam zu machen, insbesondere auf den Schutz des wunderschönen Iberischen Wolfes, ist beispielhaft.

Vielen lieben Dank an meinen Freund und ausgezeichneten Fotografen Ramón Carretero für seine Wolfsfotos für dieses Werk und sein Umweltbewusstsein. Danke, Uccio, denn du bist der erste Wolf, den ich berühren durfte. Ich vermisse dich, doch die Kinder werden deine Augen und das, was sie sich von der Zukunft erträumen, in diesem Buch weiter betrachten können.

Danke, María Castro, für dein Mitwirken und danke an deine Kinder Marco und Leo dafür, dass sie sich für dieses Buch haben fotografieren lassen.

Tiefe Dankbarkeit gegenüber meinem Freund Víctor Fernández Rubio dafür, dass er mir so viele interessante Dinge aus dem Leben der Menschen auf dem Land gezeigt hat und mir die wunderschönen Räumlichkeiten seines ländlichen Anwesens zur Verfügung gestellt hat, um Fotos für dieses Werk zu schießen.

Dem Yoga und meinen Lehrern werde ich für immer Dankbarkeit schuldig sein; dank ihnen fand ich diesen inneren Kompass, der mich immer zur besten Version meiner selbst führt. Ich danke auch der Zuneigung meiner Schüler, die immer ein Motor für Inspiration und Verbesserung ist.

Danke meiner kleinen Waschbärin, Carmencita, für all ihre Liebe, Zärtlichkeit und Komplizenschaft und dafür, ein so gutes Vorbild und ein so toller Yogi zu sein, wie die Seiten dieses Abenteuers es beweisen. Danke, Mabel, dass du dazu beiträgst, dass diese entzückende Seele so bleibt, wie sie ist.

Ich habe so viel Glück und finde keine Worte für die Liebe und die ständige Unterstützung, die meine Familie mir entgegenbringt: Danke, Rodolfo, Yolanda, Alejandro, Santi, Laura und Antonio; diesem Letzten sind außerdem die wunderschönen Fotos der Kinder im Wald und der Yoga-Übungen zu verdanken.

All meine Liebe und Dankbarkeit, Víctor Díaz Nieto, dafür, dass du jeden Tag meines Lebens mit Lächeln und bedingungsloser Liebe füllst, für deine Freundschaft und Lehre im Spiel des Lebens.

Danke an die Mutter Natur, die immer Zufluchtsort für Frieden, Weisheit und Liebe ist. Die uns so viel gibt und der wir so viel nehmen.

Prolog

EINE REISE VOLLER ENTDECKUNGEN

Eine alte Weisheit besagt, dass die Dichter - die im Grunde wie Kinder sind - alle Rätsel und schönen Dinge der Welt, in ihrem Herzen aufbewahren. Einer von ihnen, ein spanischsprachiger Dichter namens Rubén Darío, enthüllt in einem magischen Werk über Zentauren eines der wichtigsten Geheimnisse mit diesen weisen Worten:

> ***„Den Dingen wohnt ein lebendiges Wesen inne, die Dinge werfen seltsame Blicke, geheimnisvolle Rätsel, eine Chiffre, eine Geste, die allem Gebilde einwohnt. In jedem Partikel webt eine unbekannte Markung, jedes Blatt eines jeden Baumes singt einen eigenen Gesang, und in jedem Tropfen des Meeres west eine Seele."***

Dieses reizende Buch von Violeta, das ihr in euren Händen haltet, erzählt uns in erster Linie genau davon: von der heiligen Natur, die nicht nur unsere Mutter, sondern auch unsere Lehrerin ist. Von ihr lernen wir alle ewigen Wahrheiten; sie ist es, die uns durch das verworrene Labyrinth des Lebens führt und uns den Weg zu unserem besten Ich zeigt, zur am weitesten entwickelten Version unserer selbst.

Die Tiere unserer Welt werden oft viel zu wenig wertgeschätzt. Sie sind ein Geschenk, das dem Menschen gemacht wurde. Daher sind sie auch in diesem Buch die wahren Mentoren unserer Protagonisten. Sie zeigen sich als Symbole und sind gleichzeitig sympathische und lustige Weggefährten von Carmen, Marco, Leo und Sara. Die vier Freunde sind die Hauptfiguren des Buches und haben das große Glück, auf ihrem Abenteuer von den Tieren lernen zu dürfen. Die Lehren, die sie uns mitgeben, sind fundamental wichtig für den Umgang mit unserer Umwelt. Tiere zählen zu den besten Freunden, die ein Kind haben kann.

Die wunderbare Autorin des Buches, Violeta Arribas, hat all ihre Energie, ihren Verstand und ihre Leidenschaft in dieses Buch gesteckt, daher freuen wir uns sehr, dass ihr euch für dieses Buch entschieden habt. Sie möchte Kindern eine neue – und gleichzeitig ewige – Art vermitteln, zu handeln, zu leben und zu sein. Ihre Lehren werden uns guttun und uns helfen, ein erfülltes und schönes Leben zu führen. Ihre Lehren beinhalten die

Weisheiten des Yoga – eine tausendjährige Wissenschaft, die mit der Idee entstanden ist, unseren Körper und Verstand zu pflegen und zu erweitern. Yoga zeigt uns eine einzigartige Art und Weise, das Universum zu verstehen und uns mit ihm zu identifizieren, denn letztendlich sind wir Teil von ihm. Mitten in der Menschheitsgeschichte werden uns Verhaltensweisen und Vorgänge offenbart, um den Menschen zu etwas Besserem zu machen.

In der Geschichte, die hier erzählt wird, finden wir nicht nur Lehren. Wir finden auch Dichtungen, Dinge, die uns zum Lachen bringen und uns überraschen, Abenteuer und Herausforderungen. Es werden euch auch besondere Filme empfohlen, die euch ganz sicher gefallen werden. Violeta zeigt uns Techniken, die uns helfen, täglichen Problemen oder auch traurigen Momenten mit Kraft und Gleichgewicht zu begegnen. Es wird uns gezeigt, wie wir Langeweile überwinden, wie wir uns entspannen, wenn wir nervös sind, wie wir uns konzentrieren, wenn wir es brauchen, wie wir aufmerksam sein können und fröhlich, wie wir uns selbst vertrauen, wie wir Liebe für andere empfinden und wie wir die Harmonie der Welt wahrnehmen können. Dieses Buch ist in Wirklichkeit eine ganze Sammlung von vielen Büchern in einem.

Neben hilfreichen Lehren schenkt uns dieses Buch auch gute Momente. Es wird ein geliebter Freund werden. Wir werden es jahrelang wie einen Schatz aufbewahren, und wenn wir älter sind, werden wir dankbar dafür sein, dass es uns in die Hände gefallen ist und uns die Schlüssel für die Wertschätzung des Universums und all der Wesen, die es beinhaltet, gegeben hat.

Violeta ist eine große Kinder- und Tierliebhaberin; sie liebt Yoga, Lesen, Weisheit und die Natur. Sie hat gelernt, sich für die schönsten Dinge zu entscheiden, die uns das Leben bietet, und sich auf das zu fokussieren, was wirklich wichtig ist. Niemand ist also geeigneter als sie, uns auf dieser Entdeckungsreise, die uns größer, gütiger und weiser macht, an die Hand zu nehmen.

Enrique Gallud Jardiel
Professor für Spanischsprachige Philologie,
Autor und Essayist

Einleitung

Ich glaube, dass ich bereits in die Natur verliebt war, als ich geboren wurde. Fast alles Schöne, an das ich mich aus meiner Kindheit erinnere, fand an einem Ort am Bergfluss statt, der von Wald umgeben war und unter offenem Himmel lag, bewohnt von vielen Tieren und Bäumen. In unserem wahren Zuhause, der Natur, lernen wir das Meditieren ganz nebenbei. Es passiert einfach – während man spielt, meditiert man, ohne es überhaupt zu bemerken.

Ein kreatives und emotionales Universum öffnet sich dir, wenn du einen Wasserfall erkundest und seinen Lauf über die Steine verfolgst, denn in jeder Ecke geht ein anderes Abenteuer vor sich: Die Forellen, die dich im glasklaren Wasser überraschen und mit einer Blitzgeschwindigkeit wieder verschwinden; die tanzenden Schmetterlinge und Libellen in ihren Regenbogenfarben um dich herum; die Adler, die dich mit ihrem schrillen und kraftvollen Schrei begrüßen, während sie zwischen den Wolken umher jagen. Nichts ist vorprogrammiert und trotzdem geschieht alles in perfekter Harmonie.

Während du weiter genießt und entdeckst, spielst, Steine in außergewöhnlichen Farben und Formen sammelst, einen kleinen Staudamm baust oder ein Geheimversteck findest, schwimmst, usw., bist du Zeuge eines Rhythmus und einer natürlichen Verbindung zwischen deinen Sinnen, deinem Herzen und dem Rest der Natur.

Deine Gedanken sind im Hier und Jetzt mit der Gegenwart verknüpft. Du fühlst die Harmonie, die dich umgibt und wirst selbst Teil davon.

Eine Schlange im Wasser, ein Frosch, ein Fischotter, eine Feldmaus, ein Steinbock, eine Kohlmeise, ein Eichhörnchen, eine Pinie, eine Blume, der Lauf des Wassers, die untergehende Sonne, ein Sturm. Alle, ohne Ausnahme, werden deine engen Freunde, die für dich da sind und dir zeigen, wie du ein erfülltes Leben im Einklang mit der Natur führen kannst. Sie sind getarnte Lehrer und helfen dir, deinen Geist und deine Seele zu öffnen und tief im Inneren zu verstehen, wer du wirklich bist und was dich glücklich macht.

Indem du beobachtest, das Gras unter deinen Füßen spürst, das Aroma des Thymians riechst, das plätschernde Geräusch des Wassers hörst, eine Kirsche schmeckst, das Bild des Himmels über den Berggipfeln siehst, zeigt sich die Einheit von allem, was dich umgibt. Es verschwinden Zweifel und Ängste und du verstehst, dass das Wichtige im Leben Frieden und Liebe sind. Die Mutter Erde ist die beste Lehrerin, Psychologin, Spielgefährtin und Therapeutin, die wir uns wünschen können.

Besonders wenn wir klein sind und uns in der Natur befinden, zeigt sich Yoga unerwartet und wir entdecken, was schon vorher in uns war. Denn Yoga, liebe Erwachsene und Kinder, ist nicht nur eine körperliche Übung. Es ist vielmehr ein Gleichgewichtszustand, Einheit, Klarheit, Ruhe und tiefes Bewusstsein: Wir nennen es den Yoga-Zustand. Auch wenn Yoga in der Tiefe jedes Wesens steckt, vergessen die Menschen den Yoga-Zustand mit der Zeit und er liegt verborgen in ihnen. Dadurch sind sie manchmal unglücklich und ohne Ziel und führen ein Leben voll Anspannung und Eile ohne zu wissen, was sie eigentlich brauchen.

Ab dem sechsten oder siebten Lebensjahr fangen Kinder an, in der gleichen Illusion zu leben wie die Erwachsenen: in einer von der Natur abgewandten Gesellschaft, die zwischen Stein und Beton lebt, die Abgase der Autos einatmet und mehr künstliche und plastische Gegenstände berühren, als lebendige. Sie glauben, es mache sie glücklich viele Dinge zu besitzen, Erfolg zu haben und Geld zu verdienen. Anstatt sich auf ein friedliches und liebevolles Miteinander zu konzentrieren.

Was wir die körperlichen und psychischen Techniken des Yoga nennen, ist eine geeignete Methode, um uns wieder mit unserem tiefen Inneren zu vereinen, um aus dem Film in die Wirklichkeit einzusteigen, die viel erstaunlicher, angenehmer und lustiger ist. Yoga hilft uns, zu dem zurückzukehren, was uns wirklich glücklich macht. Es erinnert uns an das, was wir alle bereits wissen, was die ganze Natur weiß: Was meine wahren Bedürfnisse sind und wie ich das Leben mehr genießen kann, ohne anderen und dem Planeten auf dem wir leben zu schaden – denn wir alle sind der Planet.

Yoga als Philosophie und Zusammenschluss verschiedenster Methoden weiß seit jeher von dieser Verbundenheit von allem und allen. Deshalb ist es eines der ältesten ökologischen Systeme, die wir heute kennen. Durch die Verbindung von Werten und dem

Wissen über den Umgang mit Gefühlen, den Respekt gegenüber anderen Lebensformen, das Einfühlungsvermögen und die Entfaltung der Aufmerksamkeit, ist es für Kinder eine einzigartige ganzheitliche Erziehungsmethode. Sowohl Erwachsenen als auch Kindern kann Yoga zu einem erfüllten und faszinierenden Leben verhelfen, voller Abenteuer und Herausforderungen, durch die wir lernen. Das Wissen, das in der Schule vermittelt wird, ist begrenzt, denn es gibt uns nicht die Schlüssel zum Umgang mit unserer inneren Welt. Yoga bildet hier die perfekte Ergänzung, indem es die Fähigkeiten von Kindern fördert, für sich selbst zu denken, kreativ zu sein, die natürlichen Talente zu entdecken sowie verantwortungsbewusst und liebevoll zu sein.

Entlang einer Abenteuergeschichte von vier Freunden, die sich im Wald verlaufen und Rätsel lösen müssen, ist dieses Buch dazu gedacht, Kinder auf dreifache Weise zu fördern: Zum einen soll es die Leidenschaft fürs Lesen wecken, das sowohl ein Fenster zum Vergnügen und zur Fantasie öffnet, als auch zum freien Denken anregt. Weiter soll es die Liebe zur Natur, von der wir ein Teil sind, wecken und Wissen über sie vermitteln. Indem auch die Jüngsten verstehen, dass das Wohlbefinden der Natur das Unsere beeinflusst, lernen sie, sie besser zu schützen. Zuletzt werden die Lehren des Yoga sowie Techniken weitergegeben, um mit Langeweile, Angst, Nervosität, Wut, Traurigkeit und Egoismus umzugehen und zu lernen, diese Gefühle zu überwinden. Dieses Buch ist ein spielerisches und praktisches Handbuch gegen die Schwierigkeiten, die alle Kinder in ihrem Alltag heimsuchen. Es nimmt seine Leser mit auf ein Abenteuer und füllt ihre Herzen mit schönen Erinnerungen und vielen neuen Ideen. Es finden sich außerdem Anregungen für Aktivitäten, Spiele und hilfreiche Tipps für ein erfülltes und glückliches Leben darin.

Das Mädchen, das ich war, lebt immer noch in mir und hat nun die Gelegenheit gefunden ihre Liebe zur Natur, zur Fantasie, zum Spiel und zum Abenteuer auf diesen Seiten auszudrücken. Die Erwachsene, die ich nun bin, möchte den Kleinsten eine Schatzkarte mitgeben, um den Übergang zum Erwachsenwerden mit Freude zu meistern. Verliert niemals die Begeisterungsfähigkeit für die Schönheit des Lebens und entfernt euch nicht von eurem inneren Kind!

yoga FOR kids

KAPITEL 1

Die vier Freunde und das Rätsel des heiligen Elefanten

Der Unterricht hatte vor etwas mehr als einem Monat begonnen. Es war der letzte Kurs vor dem Eintritt in die weiterführende Schule. Seit einigen Tagen schon fingen die Blätter der Bäume an abzufallen und ihre bunten Herbstkleider zur Schau zu stellen.

Carmen, Marco und Sara warteten sehnsüchtig auf die Schulklingel, die das Ende der letzten Schulstunde am Freitag einläuten würde. Seit fünf Tagen schon freuten sie sich auf diesen Moment. Einige Schüler und Schülerinnen hatten ihren Schreibtisch bereits aufgeräumt, als der Glockenton endlich Bewegung und Freude im gesamten Raum auslöste. Schnell verließen die drei Freunde den Klassenraum um sich mit Leo, Marcos jüngeren Bruder, zu treffen, der in seinem Klassenzimmer, ein Stockwerk tiefer, auf sie wartete.

Zu viert machten sie sich aufgeregt auf den Weg nach Hause, während sie über die Vorbereitungen für ihr bevorstehendes Wochenende sprachen. Das Wetter war angenehm warm, weshalb sie beschlossen hatten am nächsten Tag einen Ausflug aufs Land zu machen. Eigentlich war das die Idee von Saras Vater gewesen – er wollte, dass die Kinder mal vom Handy und Fernseher loskamen und ein kleines Abenteuer erlebten, wie er es aus seiner eigenen Kindheit kannte. Die Kinder waren von der Idee begeistert: Es sollte das erste Mal sein, dass sie ganz allein in die Natur gingen! Alle Eltern waren einverstanden, da Marco die Gegend sehr gut kannte; er hatte hier oft mit seinem Onkeln und seiner Tante gecampt. Außerdem konnte man das Ausflugsziel von ihrem Wohnort am Rande der Stadt mit dem Bus relativ schnell erreichen. Es war ein Nationalpark mit vielen Wiesen und Bächen. Viele Familien fuhren zu ihren Sonntagsausflügen dorthin.

Während sie liefen, erzählte Leo von seiner Idee, einen Kompass mitzunehmen, den er von seinen Eltern zum Geburtstag geschenkt bekommen hatte. So konnte er ihn endlich einmal ausprobieren. Carmen würde ein Fernglas beitragen, das sie sich von ihrer

Cousine leihen wollte. Sie beeilten sich nun, denn nach ihrem Nachmittagssnack mussten sie nach Hause, um noch Brötchen zu schmieren, ihre Rucksäcke zu packen und schnell zu Bett zu gehen.

Sie freuten sich mehr darüber, dass sie alleine verreisen würden, als über den Ausflug aufs Land an sich, da alle außer Marco die Natur nicht besonders spannend fanden – verglichen mit Kino, Bowling, ihren Spielkonsolen oder Smartphone-Apps. Aber die Vorstellung, einen ganzen Tag zusammen zu verbringen, war an sich schon das größte Abenteuer der vergangenen Jahre.

Nachdem sie bei Sara köstliche Rosinenbrötchen und Kakaoshakes zu sich genommen hatten, erschien Saras Papa Fernando mit einem kleinen Paket in der Größe eines Schuhkartons. Es war eingewickelt in wunderschönes Papier mit einer Zeichnung von Ganesha, dem Elefantengott. Er legte es mitten auf den Tisch.

Fernando war Yoga-Lehrer und vor einer Woche von einer Reise durch Indien zurückgekehrt, dem Land, in dem die Lehre des Yoga ihren Ursprung hat. Es ist eine eine alte Wissenschaft, die den Menschen zu einem besseren Wesen verhelfen soll. Er hatte es noch nicht geschafft, seine Tochter vom Yoga zu überzeugen. Aber er wusste, dass er sie nicht zwingen konnte - das Interesse musste aus ihr selbst kommen. Im Moment war Sara eher am Geigespielen interessiert, das war ihre

Leidenschaft. Als Fernando die neugierigen Blicke bemerkte, die die Kinder auf das mysteriöse Paket warfen, fing er an zu erzählen:

„Liebe Kinder: Ich habe euch ein kleines Geschenk aus Indien mitgebracht. Gekauft habe ich es in einem Antiquitätengeschäft in der Stadt Varanasi, in der Nacht des Diwali-Festes. Das ist das hinduistische Festival der Lichter, bei dem Millionen von Menschen Kerzen anzünden, um ihren Wunsch zu zeigen, ihr inneres Licht zu entfachen – oder anders gesagt, um den Weg zu ihrem wahren Glück zu finden. Wer von euch möchte es öffnen?"

Ohne zu zögern und in Windeseile begann Leo, der Kleinste der Gruppe, das Band vom bunt und glänzend eingewickelten Geschenk zu lösen. Vor den gespannten Augen der anderen vier kam ein wunderschöner Holzelefant zum Vorschein, der in grünen und orangefarbenen Tönen bemalt war und bereits sehr alt aussah.

„Wow, wie schön er ist! Es sieht so aus, als würde er uns immer direkt anblicken, egal in welchem Winkel man ihn hält!"

„Stimmt, das ist ja verrückt!", fügte Marco hinzu.

Fernando, der sich nun eine Brille aufgesetzt hatte und eine ernste Miene machte, erzählte weiter: „Schaut mal, durch seinen großen Kopf symbolisiert der Elefant Weisheit. Man glaubt auch, dass er Glück und Wohlstand bringt. Ich habe ihn als Glücksbringer für eure Gruppe ausgesucht, als euer heiliges Tier, das anderen seine guten Eigenschaften überträgt. Er soll euch daran erinnern, dass ihr Kinder der Natur seid und dass ihr sie respektieren und ihr zuhören solltet."

Sara begann jeden Zentimeter der Figur sorgfältig zu untersuchen und bemerkte etwas Seltsames an den dicken Beinen. Dort schien ein kleiner Baustein in einem quadratischen Hohlraum eingelassen zu sein.

„Was ist das, Papa?", fragte das Mädchen.

Während Fernando die Figur langsam an sich zog, antwortete er: „Ich sehe, dass ihr sehr aufmerksam seid. Auch ich habe mich über dieses kleine Teil an den Beinen des Elefanten gewundert, als ich da in diesem Laden stand, der aussah wie ein Museum. Daraufhin kam der Ladenbesitzer zu mir, zog ganz vorsichtig an einem kleinen Knauf am Bein und öffnete eine winzige Schublade, die ein vergilbtes Stück Papier mit dem Om-Zeichen des Yoga barg. Das Gleiche machte er mit den anderen drei Beinen. Insgesamt hat der Elefant also vier Geheimverstecke, die vier Mini-Pergamente enthalten.

Der alte Verkäufer erklärte mir, dass die Zahl ‚4' in Indien eine tiefe Bedeutung hat: Es gibt vier bedeutende Lebensetappen und vier Ziele im Leben, die es zu erreichen gilt; vier Eigenschaften oder Formen, in denen die Natur sich offenbart, und schließlich gibt es vier heilige Bücher, die Veden genannt werden. Die eigentliche Überraschung kam aber erst, als der Verkäufer mir erzählte, dieser mehr als ein Jahrhundert alte Elefant sei nur deshalb so geschnitzt worden, damit vier geschriebene Wünsche in seinem Inneren aufbewahrt werden konnten. Wenn man sie wirklich ernst nimmt und von Herzen begehrt, so glaubt man, werden sie mithilfe der Glückskraft des Elefanten auf jeden Fall in Erfüllung gehen. Nun ja, immerhin seid ihr vier und ich fand, es sei ein besonderes Geschenk, das ihr euch teilen könntet."

„Kann dann jeder von uns einen besonderen Wunsch aufschreiben und ihn in das jeweilige Bein legen?", fragte Carmen mit strahlenden Augen.

„Natürlich!", erwiderte Fernando. „Ihr könnt es jetzt sofort machen. Heute Nacht, wenn ihr vor dem Einschlafen im Bett liegt, denkt ihr dann mit ganz viel Liebe und Kraft an euren Wunsch."

Gesagt, getan. Jedes Kind öffnete eines der winzigen Pergamente, schrieb seinen Wunsch darauf, faltete es erneut und legte es in jeweils eine der kleinen Schubladen zurück. Der Elefant wurde auf den Kamin gestellt und Marco, Leo und Carmen verabschiedeten sich, um nach Hause zu gehen und ihre Reisetaschen zu packen.

Nach dem Abendessen und dem Einbruch der Dunkelheit ging jedes der abenteuerlustigen Kinder ins Bett. Jedes Einzelne verbrachte noch einige Minuten damit, sich an seinen Wunsch zu erinnern und mit ganz viel Liebe und Kraft daran zu denken. Und während der Mond majestätisch den Himmel erklomm, fiel jedes Kind ganz sanft in einen tiefen und erholsamen Schlaf.

KAPITEL 2

Padme – die Katze, die Yoga machte und sich nie langweilte

Ein tiefblauer Himmel begrüßte den neuen Tag. Die Sonne glänzte und ihre Strahlen schenkten Wärme, kündeten aber bereits die Kälte an, die in einigen Wochen eintreffen sollte.

Das strahlende Licht brach durch die Fenster der Kinderzimmer herein und machte den Wecker überflüssig. Einer nach dem anderen, freudig in dem Wissen, dass sie ein wundervoller Tag voller Abenteuer und Spaß erwartete, öffneten sie die Augen, sprangen aus dem Bett und machten sich eilig fertig. Sie hatten abgemacht, sich bei Sara zu treffen und zusammen zu frühstücken, damit Fernando sie danach zum Bus bringen konnte.

Als sie mit dem Frühstück fertig waren, stiegen sie mit Saras Vater ins Auto. Innerhalb von zehn Minuten, die wie im Fluge vergingen und in denen sie nicht aufgehört hatten zu reden, kamen sie bei der Bushaltestelle an. Sie parkten und nahmen ihre Rucksäcke aus dem Auto.

„Hier habt ihr eure Hin- und Rückfahrttickets, steckt sie gut ein“, sagte Fernando noch, während er mit den Kindern auf den Bus wartete. „Ihr wisst, dass der Bus euch in ungefähr 40 Minuten am Dorf herauslässt, zumindest weiß Marco das bereits. Ich warte heute Abend um halb acht hier auf euch. Schaut mal, da kommt er schon. Seid vorsichtig, habt ganz viel Spaß und versucht von der großen Meisterin, der Natur, zu lernen.“

Bevor die Kinder in den Bus stiegen, verabschiedeten sie sich einzeln bei dem liebevollen Yoga-Lehrer. Als sie saßen und der Busfahrer anfuhr, streckten sie ihre Arme aus den Fenstern und schrien beinahe im Chor: „Bis später!“

Nach den ersten zwanzig Minuten, in denen sie bereits die Vororte der Stadt durchquert hatten, begannen auf beiden Seiten der Autobahn kleine Dörfer mit grünen Feldern und dichte Waldareale zu erscheinen. Im Hintergrund erkannte man bereits die

Umrisse der noch weiter entfernten Berge, die das Ende der Reise ankündigten.

Die vier Freunde schauten aus den Fenstern und bewunderten die sich verändernde Landschaft mit all ihren Einzelheiten. Dabei sprachen sie über alles Mögliche. Nach einer kurzen Pause war Sara die erste, die sich traute das auszusprechen, was alle seit einiger Zeit dachten:

„Hey Leute, habt ihr gestern vorm Schlafengehen auch noch mal euren Wunsch ausgesprochen, den ihr im Elefanten versteckt habt?"

„Na klar", antwortete Marco fast gleichzeitig mit Carmen. „Ich bin eingeschlafen, während ich ihn aussprach", sagte Leo. „Denkt ja nicht daran, ihn zu verraten! Ihr wisst, dass ihr ihn geheim halten müsst, wenn ihr wollt, dass er in Erfüllung geht", unterbrach sie Sara.

„Schon klar, ich würde ihn auch gar nicht rumerzählen wollen", erwiderte Marco.

„Oha! Was sind denn das für riesige Vögel da? Unglaublich – schaut mal, wie sie fliegen!" Während Carmen zum Himmel zeigte, hörte sie nicht auf, den Vogelschwarm zu bestaunen, der ein beeindruckendes „V" gebildet hatte und einen großartigen Klang von sich gab.

„Das sind Kraniche", sagte Marco hastig. „Meine Tante hat mir mal von ihnen erzählt: Sie kommen aus Nordeuropa und verbringen in Teilen Südeuropas den Winter, da es dort milder ist. Es sind Allesfresser, aber sie mögen besonders gern Eicheln, die sie aus den großen Gebieten der Steineichen sammeln. Wusstet ihr, dass sie mit ausgebreiteten Flügeln größer sind als zwei Meter? Außerdem sind es die Vögel, die am höchsten fliegen können, und sie schaffen es, bis zu dreitausend Kilometer am Stück hinter sich zu legen."

Die Kinder schauten mit Begeisterung zum Himmel, während Marco ihnen die Eigenschaften dieser majestätischen Vögel erklärte.

Es vergingen weitere zwanzig Minuten zwischen Gelächter und Gesprächen, bis der Bus endlich an der Haltestelle des kleinen Dorfes anhielt. Sie nahmen ihre Rucksäcke, stiegen schnell aus und Marco führte die Gruppe bis zum Anfang eines Wanderweges, der hinter den niedrigen Holz- und Steinhäusern des Dorfes begann.

Sie gingen ein gutes Stück und bewunderten die Wiesen auf beiden Seiten des Weges, auf denen Kühe und Schafe friedlich weideten. Wenn sie den Blick geradeaus richteten, konnten sie hinter einem großen Wald die in die Höhe ragenden Berge sehen. Ihre Gipfel berührten den Himmel und einige von ihnen waren bereits in ein glitzerndes, weißes Schneekleid gehüllt.

Nach den grünen Wiesen und einigen Obstbäumen führte der Weg einen kleinen Hang hinauf, der von Gestrüpp und Sträuchern wie Brombeeren, Heidekraut, Rosmarin und Farnkraut sowie Bäumen gesäumt war. Die Kinder versuchten, die verschiedenen Arten zu erkennen. Carmen erkannte Kastanien, Kiefern und Eichen und konnte mit ihrem Fernglas sogar die Bäume in der größten Entfernung noch ausmachen. Da viele von ihnen immergrüne Gewächse waren, lag über der Landschaft eine schöne Mischung aus grünen aber auch gelben, ockerfarbenen, braunen und roten Tönen von Bäumen, die im Herbst einen Teil ihres Kleides verloren.

Bei den Eschen und den Pappeln waren sie sich noch unsicher, aber sie erkannten die Kiefern, Erlen, Kastanienbäume und Eichen – letztere wurden mit ihren braunen und kupferfarbenen Blättern, von denen einige bereits den Waldboden schmückten, immer häufiger.

Laut Marco sollten sie in ungefähr zehn Minuten an eine Abzweigung des Weges kommen, wo sie rechts abbiegen mussten.

Nach weiteren fünfzehn Minuten würden sie einen Erholungsort nahe eines Bachs erreichen. Hier kamen viele Familien hin und aßen in einer Gaststätte oder verbrachten den Tag auf dem Land.

Es waren nicht einmal fünf Minuten vergangen, da fingen die Wolken an die Sonne zu verdecken, und ein feiner Nebel sank auf die vier Freunde herab. Sara, die wie die anderen die sonnige Wettervorhersage für heute kannte, fragte etwas besorgt:

„Aber ... ist das normal? Schaut mal, wie der Himmel zuzieht! Sagt bloß nicht, dass es gleich regnet, nach all unseren Vorbereitungen für diesen Ausflug!“

„Das Klima in den Bergen kann sich schlagartig verändern und von der Vorhersage für die Dörfer immer etwas abweichen. Ich würde mir erst einmal nicht so große Sorgen machen“, meinte Marco.

Tatsächlich wurde der Nebel dichter und einen Augenblick später konnte man plötzlich nur noch fünf Meter weit gucken.

„Also ich mache mir sogar sehr große Sorgen“, sagte Carmen. „Bei einer so schlechten Sicht kann man sich leicht verlaufen. Wir wissen noch nicht einmal, wie dieser Kompass funktioniert, den Leo da am Hals trägt.“

Leo brach in ein kurzes, schelmisches Gelächter aus und erwiderte: „Ich weiß gar nicht, wovor ihr Angst habt! So ist es doch viel aufregender: Abenteuer pur! Außerdem müssen wir doch nur darauf achten, bald die rechte Abzweigung zu nehmen – nicht wahr, Marco?“

„So sollte es sein; wir müssen nur so dicht wie möglich auf dieser Seite bleiben, damit wir uns nicht verlaufen“, antwortete sein Bruder. „In Kürze werden wir dann das Plätzchen erreichen, wo die Holztische stehen und – viel wichtiger noch – wo die ganzen Leute sind ... mir fällt gerade auf, dass wir bisher noch niemandem begegnet sind.“

Die Mädchen blickten sich mit einer Mischung aus Angst und Verwunderung an, entschieden sich aber dafür, mit den Brüdern weiterzugehen. Alle waren nun ganz aufmerksam, um ja nicht auf den falschen Weg zu geraten. Nach einiger Zeit, die ihnen wie eine Ewigkeit vorkam, fing der Nebel an sich aufzulösen. Jetzt konnten sie die Stelle vor sich sehen, an der der Weg endete. Als sie dort ankamen, hielten sie inne, um den schönen Ort zu bestaunen. Nur Marco war ganz verwirrt. Es war eine Art Wiese, die von einem Wald umringt war, der etwas anders aussah als die bisherigen: Die Bäume waren viel größer und sie schienen die Sonne auf eine ganz besondere Art zu spiegeln. Es gab jetzt nicht nur Eichen, es reihten sich einige „Waldfeen“ ein – so nannten Romantiker die Buche. Es ist zweifellos der schönste und geheimnisvollste Baum dieser Wälder. Das merkwürdige an der Wiese war, dass sie an der rechten Seite einen leichten Abhang besaß, der in einer rätselhaften Anordnung von Steinen endete, von denen manche so groß waren wie Kleintransporter, andere mittelgroß und wieder andere so klein wie Luftballons. Sie waren in einem Halbkreis angelegt und vollständig mit Moos bedeckt. Endlich traute Marco sich, seine Gedanken auszusprechen:

„Ich habe keine Ahnung, wo wir gelandet sind, Leute, aber es ist mit Sicherheit nicht der Erholungsort, den wir angepeilt haben. Ehrlich gesagt, erinnere ich mich nicht daran, diese Wiese jemals zuvor gesehen zu haben."

„Bist du dir sicher? Heißt das etwa, dass wir die falsche Abzweigung genommen haben?", erwiderte sein Bruder besorgt.

„Nein, denn der andere Weg hätte uns zu einer alten Mine am See geführt, wo er auch endet. Hier bin ich noch nie gewesen, das versichere ich euch. Ich schlage vor, wir gehen diesen Hügel bis zu den Felsen hinauf. Da oben gibt es vielleicht einen guten Ausblick und ich schaue, ob ich etwas wiedererkenne."

Nach diesen Worten verloren sie keine Zeit – die Situation verlangte schnelles Handeln. Die vier stiegen den kleinen Hügel empor und gingen zwischen den ersten beiden Steinblöcken hindurch, die etwas höher waren. Die Fläche war schließlich wieder etwas flacher und das Gras erstreckte sich ungefähr hundert Meter weiter bis zu einem dicht belaubten Eichenwald. Als sie sich dem Wald näherten, erblickten sie ein erstaunliches Bild.

In einigen Metern Entfernung war eine wunderschöne weiße Katze gerade dabei, auf einem liegenden Baumstamm Dehnübungen zu machen. Sie gingen weit über die normalen Bewegungen hinaus, die Katzen normalerweise so machten. Die außergewöhnliche Katze war der Gruppe mit dem Rücken zugewandt. Die Kinder gaben sich untereinander Handzeichen, um still zu bleiben und das Tier nicht zu erschrecken. Verblüfft beobachteten sie, wie die Katze ihren Kopf auf den Stamm legte und den Rest ihres Körpers kopfüber gen Himmel streckte.

„Wenn meine Augen mich nicht täuschen, würde ich sagen, dass sie Yoga macht", flüsterte Sara, die diese Haltungen sehr gut von ihrem Vater kannte.

„Natürlich mache ich Yoga!", sagte eine Stimme aus nächster Nähe, die alle zusammenschrecken ließ.

Die Kinder schauten nach hinten und in alle Richtungen und glaubten, dass jemand in ihrer Nähe für die eben gesagten Worte verantwortlich war.

„Ihr müsst nicht weitersuchen, ich war's."

Die Kinder bemerkten, völlig perplex, dass es die Katze selbst war, die zu ihnen gesprochen hatte. Sie näherten sich ihr langsam, nicht ganz furchtlos, und es war Leo, der sich traute zu antworten, während die anderen weiterhin mit offenem Mund dastanden: „Aber ... wie kann es sein, dass du sprichst?"

„Vielmehr seid ihr es, die meine Sprache versteht", sagte die Katze, während sie die komplizierte Haltung auflöste und sich umdrehte, um die Kinder anzuschauen. „Das passiert nur

an diesem Ort, der für die meisten versteckt ist, und es passiert nur den Kindern, die dazu auserwählt sind, ihn zu finden."

„Hast du einen Namen?", fragte der Kleinste der Gruppe, der statt Angst unschuldige Neugierde besaß.

„Natürlich, vermutlich genauso wie ihr. Ich heiße Padme, das bedeutet Lotusblume – und bevor ihr weiter fragt: Ihr seid weder verrückt noch habt ihr euch verlaufen. Ihr seid vom Zauberwald auserwählt worden, damit ihr ein paar notwendige Dinge lernt, die euch auch dann noch helfen werden, wenn ihr erwachsen geworden seid. Der Nebel hat euch bis hierhin gebracht."

Fasziniert von diesen Worten, aber noch immer daran zweifelnd, was gerade passierte, ergriff Sara das Wort:

„Zauberwald? Meinst du den, der da vorn beginnt, der aus Eichen? Was für Dinge wird er uns beibringen? Und wieso hast du eben Yoga gemacht?"

„Um der Schnurrbärte meiner Vorfahren Willen, wie viele Fragen!", sagte Padme lächelnd. „Eigentlich sind alle Wälder verzaubert; sie sind das reine Leben, dank ihnen können alle Tiere, und alle Menschen, auf diesem Planeten leben. Die Natur, zu der wir gehören, versorgt uns mit Luft, Wasser, Licht und Nahrung und verlangt von uns nichts im Gegenzug. Sie befindet sich in komplettem Gleichgewicht und in Harmonie, und so sollten auch all ihre Bewohner sich fühlen. Aber es scheint, als ob der Mensch diesen Zauber nicht mehr erkennen kann; er hat die Verbindung mit der Erde verloren.

Yoga ist die große Botschaft, die das Universum dem Menschen seit langer Zeit zuflüstert, damit er sich wieder daran erinnert wer er ist und dem Leben wieder einen Zauber einflößt. Alle Tiere, Bäume und Pflanzen befinden sich in einem Yoga-Zustand, auch wenn es nicht so scheint. Sogar die Berge, denn Yoga bedeutet Einheit und Harmonie. Sagt mal, gibt es in eurem Leben etwas, das euch Unwohl bereitet?"

„Ich fühle mich unwohl, wenn ich wütend werde und auch wenn ich nervös bin, weil ich an all die Dinge denke, die ich noch tun muss und mich nicht konzentrieren kann", klagte Sara.

„Bei mir ist es die Langeweile", sagte Leo.

Carmen und Marco waren nachdenklich – es schien so, als ob sie sich schämten, über solch persönliche Angelegenheiten zu sprechen, die sie noch niemandem erzählt hatten. Endlich traute sich das Mädchen zu sprechen: „Manchmal fühle ich mich traurig. Es ist, als ob ich meine Trauer nicht kontrollieren kann, wenn ich an etwas Vergangenes denke oder über mich selbst nachdenke."

„Ich weiß nicht, wie ich meine Angst in den Griff bekomme oder woher sie kommt", gab Marco schließlich zu. „Aber wenn ich genauer drüber nachdenke – selbst wenn andere glauben, dass ich sehr mutig bin, habe ich oft den ganzen Tag Angst vor einer Prüfung, vor der Reaktion meiner Eltern oder davor, was meine Mitschüler von mir denken könnten."

Die Katze, die auf ihren Hinterbeinen saß, hatte aufmerksam zugehört und sprach zu ihnen: „Dann ist also klar, warum der Zauberwald euch hierhergeführt hat: Damit ihr euch daran erinnert, dass es Möglichkeiten gibt, um eure Probleme zu bekämpfen. Yoga ist ein wundersames Heilmittel, damit ihr euren Kampf gegen die Langeweile, die Nervosität, die Wut, die Trauer, die Angst und andere unangenehme Dinge gewinnt. Vor allem ist Yoga das perfekte Spiel. Es zeigt dir, dass du dein eigener bester Freund bist und der Superheld deines eigenen Lebens, auch wenn ihr mir das gerade nicht glaubt. Ich habe bemerkt, dass ihr ein Fernglas und einen Kompass bei euch tragt, und ich wette meine scharfen Krallen darauf, dass ihr in eurem Rucksack Sandwiches bei euch habt – mein scharfer Geruchssinn lässt mich selten im Stich." Dabei kicherte die Katze. „Yoga ist wie ein Fernglas, mit dem du messerscharf in dein Inneres schauen kannst. Du kannst damit auch sehen, was dich umgibt und was du erreichen möchtest – sogar mitten im Nebel der Gefühle. Yoga ist auch ein Kompass, der dir im Spiel des Lebens den richtigen Weg zeigt. Und zu guter Letzt ist es eine leckere Mahlzeit für den Geist und das Herz. Es ist dieses leckere Pausenbrot, das uns in der Schule manchmal fehlt.

Schaut mich an: Jede Katze muss als erstes ihre Aufmerksamkeit und ihre Ruhe ausbauen. Ihr werdet nie eine unkonzentrierte oder nervöse Katze treffen. Wir üben ständig, bewusster in der Gegenwart zu sein und die Dinge mit Gelassenheit geschehen zu lassen. Übrigens ist Aufmerksamkeit, Leo, das beste Gegenmittel gegen das, was du Langeweile nennst. Wir müssen nicht dafür sorgen ständig beschäftigt zu sein. Wir Tiere lassen uns Zeit für das ‚Nichtstun'. Einfach nur beobachten, als ob wir es genießen uns ein bisschen zu langweilen. Denn glaub mir, das ist das, woraus wir unsere Vorstellungskraft und Kreativität schöpfen, um weiter spielen zu können. Es gibt viele Arten sich während des Yogas bei Laune zu halten: zum Beispiel, indem wir körperliche Übungen machen, wie die, die ihr vorhin bei mir gesehen habt. Für mehr Konzentration, Mut, Aufmerksamkeit und Spaß. Meine Freunde aus dem Wald werden sie euch Schritt für Schritt zeigen. Zwischen diesen krummen Eichen müsst ihr in den Wald hineingehen, dem kleinen Wanderweg zwischen den Bäumen folgen und euch von eurem Abenteuer leiten lassen. Keine Sorge, zur richtigen Zeit werdet ihr wieder auf euren bekannten Weg zurückfinden, der euch nach Hause bringt. Dafür müsst ihr natürlich ein Rätsel lösen, das euch die Walddame am Ende der Strecke aufgeben wird. Ich verabschiede mich fürs Erste und übergebe euch ein kleines Pergament, das die erste große Lehre des Yoga enthält."

Padme gab Carmen einen eingerollten Bogen Papier und alle verabschiedeten sich von der außergewöhnlichen Katze. Sie bedankten sich begeistert bei ihr und waren sehr aufgeregt, denn das anfängliche Abenteuer schien immer aufregender zu werden. Nun wussten sie, dass sie eine Art Prüfung zu bestehen hatten, wenn sie ihre Eltern wiedersehen wollten. Entschlossen gingen sie bis zum Ende der Lichtung, und bevor sie den Eichenwald durch den Eingang, den Padme ihnen gezeigt hatte, betraten, wandten sie sich noch einmal zu ihr um und winkten zum Abschied.

Als sie das Tor aus Pflanzen durchschritten hatten, hielt Carmen an und öffnete das Pergament und fand folgende Übung:

WIE WIR DEN BÖSEWICHT NAMENS STRESS BESIEGEN

(ERSTER TEIL)

REISE DURCH UNSEREN KÖRPER

Wenn du dich mal langweilen solltest und es gerade nichts Spannendes zu tun gibt, dann empfehle ich dir die folgende Übung. Diese ist tausendmal besser als auf das Handy zu schauen oder den Fernseher anzumachen. Aber aufgepasst! Das hier ist für schlaue und mutige Menschen, die mehr herausfinden wollen, als sie zu wissen glauben. Beobachte als erstes, wie es sich anfühlt, wenn Langeweile in dir aufkommt. Versuche dich mit ihr anzufreunden, sie besser kennenzulernen und schau mal, was sie mit dir macht. Anschließend leg dich mit dem Rücken auf ein Sofa, ein Bett oder eine Luftmatratze, als ob du auf der Oberfläche eines Schwimmbeckens oder auf lauwarmem Wasser treibst und dir vorstellst, dass du nach dem Schwimmen jetzt ‚nichts tust'. Löse deine Beine und Arme etwas vom Körper. Wo beginnt dein Atem? Versuche deinen Atem mit der gleichen Aufmerksamkeit zu verfolgen, die du hast, wenn du dir einen Film anschaust. Beobachte die Gegend um deinen Bauchnabel herum, spüre diesen Bereich deiner Bauchdecke und stelle fest, ob sie steigt oder sinkt und in welchem Rhythmus sie das tut. Stell dir vor, dass du ein Ballon bist, der sich aufbläst und abflaut. Folge ihm und versuche einzuatmen, wenn er steigt, und auszuatmen, wenn er sinkt. Beobachte dies ein paar Minuten lang und stell dir Folgendes vor: Mit der Luft, die in deine Nase tritt, kommen auch der Himmel und die Sonne in deinen Körper; und beim Ausatmen nimmt die Luft die ganze Langeweile in Form einer Wolke mit sich.

Jetzt wirst du während einer kleinen Reise durch deinen Körper herausfinden, welches die Bereiche sind, die du am einfachsten spüren kannst. Fange an, deine Aufmerksamkeit auf deinen Körper zu richten, als wäre er eine Landkarte. Erst auf den Kopf, Stück für Stück, dann auf den Rücken, die Arme, die Brust, die Bauchmuskeln, auf die du eben beim Atmen geschaut hast, die Vorder- und Rückseite der Beine, die Füße usw. stell dir vor, dass dein Körper ein großes Labyrinth ist. Du wanderst nun durch das Labyrinth und identifizierst die Bereiche, die du am deutlichsten wahrnehmen kannst.

Vielleicht die Hände? Die Nase? Die Fersen? Versuche dem Geheimnis auf die Spur zu kommen wie ein Detektiv. Lass dir dabei Zeit und vergiss nicht, auf deine Atmung zu achten. Und nun hältst du inne, um den Punkt, der in der Mitte zwischen deinen Augenbrauen liegt, zu spüren. Stell dir vor, dass an diesem Punkt ein Licht in deiner Lieblingsfarbe ist. Du wirst sehen, wie die Langeweile sich nach dieser kurzen Übung in Vorstellungskraft verwandelt. In den nächsten Pergamenten wirst du noch viel mehr Übungen finden, um deine Langeweile zu besiegen.

KAPITEL 3

Der Herr des Waldes, Hüter der Ruhe und der Stille

Die vier Kinder wanderten mit großer Begeisterung weiter durch den wundervollen Wald. Mit jedem Schritt empfanden sie mehr Bewunderung für die prachtvollen Bäume mit ihren unterschiedlichen Formen und Farben.

Sie redeten noch immer über ihre Begegnung mit der Katze Padme, als sich ihnen nach einer sehr engen Kurve des Weges eine kleine, von Eichen und Kastanienbäumen gesäumte Lagune darbot. Dort, in den ruhigen Gewässern am Ufer, stillte eine friedliche Gruppe von anmutigen Hirschen ihren Durst. Andere lagen unter den Bäumen, als ob sie sich eine Pause gönnten. Auf dem weichen, braunen Fell mit den weißen Flecken der jungen Hirsche tanzten die Sonnenstrahlen, die durch die Äste fielen.

Marco, Sara, Carmen und Leo konnten sich nicht daran erinnern, jemals ein so schönes Bild vor sich gesehen zu haben – man konnte den Frieden an diesem Ort beinahe mit der Luft einatmen. Der Blick auf diese würdevollen Hirsche inmitten der Natur war so selten wie überwältigend. Eine mysteriöse und magische Aura umhüllte das Bild. Der Hirsch, der sogenannte „Herrscher des Waldes", hatte zahlreiche antike Legenden inspiriert, von China über das antike Griechenland bis nach Amerika. Man hält ihn für einen Träger von Weisheit, der für die Einheit zwischen Erde und Himmel (Körper und Seele) sowie Tieren und Pflanzen steht. Sein Geweih symbolisiert dabei den Baum des Lebens. Er gilt als Besitzer der versteckten Rätsel der Natur und wird deshalb seit jeher als eine Art Wegweiser für den Menschen bei der Suche nach seinem inneren Mysterium und seiner Identität betrachtet. Über diese Legenden und Symbole hinaus stammt der Hirsch, der heutzutage in unseren Wäldern lebt, von einer fast 400 000 Jahre alten Art ab. Er ist ein Pflanzenfresser, der sich grundsätzlich nur von Gras und Kräutern ernährt und in Herden organisiert ist. Die Jungen und die Weibchen, von den erfahrensten Tieren angeleitet, bleiben zusammen, während die Männchen alleine herumstreifen. Selten verbringen sie mehr als einen Tag am selben Ort. Im Herbst liefern sich die Männchen harte Kämpfe untereinander, um ihre Territorien zu verteidigen und sich mit Weibchen paaren zu können; dies wird Brunft genannt. Dabei stoßen die Männchen einen beeindruckenden langen und tiefen Ton aus, den man auch aus mehreren Kilometern Entfernung noch hören kann. Das Hirsch Männchen ist das einzige Tier, dessen Geweih abfällt und danach verändert nachwächst. Im März wird das Geweih abgeworfen und innerhalb von fünf Monaten wächst ein neues nach, das mit den Jahren höher wird und immer mehr neue Enden bekommt. Die Weibchen verbringen ihre Zeit mit Rast und Essenssuche.

Ein kleines, verspieltes und neugieriges Rotkehlchen ruhte sich einen Augenblick auf dem Geweih eines großen Hirsches aus. Dabei legte es seine orange gefederte Brust frei, um den Augen der Kinder noch mehr Freude zu bereiten. Danach flog es auf einen Eichenast.

Viele weitere Vögel zwitscherten durcheinander, während sie von einer Seite zur anderen flogen – zusammen ergab das eine Melodie, die der ganzen Situation noch mehr Zauber verlieh. Um besser sehen zu können, hatte Sara einen Schritt vorwärts gemacht und war dabei versehentlich auf einen Ast getreten. Das Geräusch des brechenden Holzes ließ die Hirsche aufschrecken und in Richtung der Kinder blicken. Mit einer Blitzgeschwindigkeit ergriffen sie die Flucht ins Waldinnere.

Alle – außer einer. Ein wunderschönes und riesiges Männchen blieb stehen und blickte die Kinder aufrichtig und furchtlos an, während es sein beeindruckendes Geweih zur Schau stellte. Vorsichtig näherten sich die Kinder und bewunderten dabei jedes Detail seiner eleganten Figur.

„Ich habe bereits auf euch gewartet“, sagte der Herr des Waldes endlich. „Wir müssen offensichtlich an etwas arbeiten, das alle Kinder und jungen Menschen in der modernen Welt sehr beschäftigt. Kommt her und setzt euch zu mir.“

Die Kinder, die noch immer nicht begreifen konnten, dass sie die Tiere plötzlich verstehen konnten, gehorchten und warteten gespannt, was er ihnen gleich erzählen würde.

„Ich möchte euch von einer unangenehmen Empfindung erzählen, die Unruhe und Nervosität auslöst. Unterschiedlichste Gedanken flitzen durch den Kopf. Der Verstand besteht in diesem Zustand aus sehr schnellen Gedanken. Er möchte viele Dinge auf einmal tun, er ist wie ein inneres Radio mit vier Programmen gleichzeitig und verwirrt uns, macht uns zappelig und erschöpft uns. Manche nennen es Stress, andere Beklemmung oder Angstzustand. Kommt euch das bekannt vor?“

Carmen sprach nun, nachdem sie eine Weile zustimmend mit dem Kopf genickt hatte:

„Ja, auf jeden Fall. Das ist so wie das, was Sara der Katze erzählt hat. Ich habe das auch, vor allem, wenn ich aus der Schule raus bin. Warum passiert das?“

„Also, schaut mal“, sprach der Hirsch weiter. „In bestimmten Situationen ein bisschen nervös zu sein, ist völlig natürlich. Es lässt uns sogar bei Prüfungen besser dastehen und ermöglicht uns, Hilfe zu suchen, wenn es ein wirkliches Problem gibt oder wir vor einer Gefahr fliehen oder uns in Sicherheit bringen müssen. Es wird erst zum Problem, wenn man sehr nervös ist und das fast ständig, ohne einen wirklichen Grund dafür zu haben. Als eure Großeltern und Eltern klein waren, litten sie nicht so sehr darunter wie ihr. Moderne Technologie hilft euch dabei, Abläufe zu beschleunigen, die vorher langsamer und arbeitsintensiver waren. Allerdings führt dies, wenn man es auf die Spitze treibt, zu einem rasenden und unnatürlichen Rhythmus, vor allem in der Freizeit, wenn es zu viele Möglichkeiten auf einmal gibt. Die vielen Optionen bringen mit sich, dass ihr nun noch beschäftigter seid als zuvor. Ihr seid ständig dem Druck der unendlich vielen Möglichkeiten ausgesetzt, mehr als ihr eigentlich verdauen oder handhaben könnt. Die Menschen haben den Zauber der Einfachheit und ihren natürlichen Rhythmus, ihr Gleichgewicht, verloren. Damit ihr es besser versteht, werden wir von nun an dieses Wort benutzen: Gleichgewicht. Damit auf diesem Planeten alles gut funktioniert, sollte es ein Gleichgewicht zwischen gegensätzlichen Kräften geben: zwischen Tag und Nacht, Ebbe und Flut, Kälte und Wärme der Jahreszeiten. Für die Menschen und Tiere gilt das gleiche: Einatmung und Ausatmung, Essen und Aktivität (dies ist die Energie, die hineinkommt, und die Energie, die hinausgeht), Spannung und Entspannung. Dieses letzte Gleichgewicht betrifft zum einen den Körper (zum Beispiel, wenn sich ein Muskel beim Fußballspielen zusammenzieht und sich danach wieder entspannen muss, damit er sich unter ständiger Spannung nicht verletzt) und zum anderen den Verstand, der Ruhe braucht. Er braucht eine gewisse Ruhe, ein bisschen Freiraum, um danach wieder gut funktionieren zu können. Man muss jeden Tag die Harmonie zwischen Aktivität und Ruhe finden. Sara, was passiert mit den Saiten deiner Geige, wenn sie zu stark gespannt sind?“

„Sie können reißen", antwortete das Mädchen.

„Und wenn du sie nicht genug spannst? Wenn sie locker sind?", fragte der Hirsch erneut.

„Dann klingt die Geige nicht gut, man kann nicht spielen", antwortete Sara.

„Eurem Verstand und eurem Körper geht es genauso. Um auf eine harmonische Art zu ‚klingen', ohne zu reißen, braucht er eine Balance zwischen Spannung und Entspannung. Das ist wie bei einem ferngesteuerten Auto, dessen Motor durchbrennt oder dessen Batterien sich verbrauchen, wenn es die ganze Zeit angeschaltet ist. Es gibt zu viele Dinge, zu viele Optionen, zu viel Information und eine zu hohe Geschwindigkeit. Es ist die Summe der vielen Reize, die durch die Bildschirme des Fernsehers, der Handys, der Computer ausgelöst werden; durch die Summe der Objekte, die man besitzt (Spielsachen, Kleidung, elektronische Geräte); durch die nicht enden wollenden Aktivitäten und Beschäftigungen – und all dies in einem Wettlauf gegen die Zeit. Anstatt euch besser zu fühlen, seid ihr überfordert und verliert die Fähigkeit, euch für Dinge zu begeistern.

Habt ihr gesehen, wie friedlich und zufrieden meine Brüder und ich hier an der Lagune verweilt haben? Ein paar Spiele reichen uns und den Rest denken wir uns aus. Wir fühlen uns nicht gezwungen, ständig auf ein Handy zu gucken. Wir ziehen es vor, uns in die Augen zu schauen und miteinander zu kommunizieren. Unser Essen ist sehr einfach – wir haben genau das, was wir zum Leben brauchen und den größten Reichtum: genug Freizeit, um uns zu entspannen, ohne von etwas abhängig zu sein. Von etwas abhängig zu sein bedeutet, sich viele Dinge zu wünschen; zu glauben, dass man glücklicher ist, wenn man immer mehr Dinge besitzt. Es bedeutet, dass man Dinge nicht akzeptieren kann, wie sie sind, was auch der auch der Ursprung der Angst, der Trauer und der Wut ist. Um dem entgegenzuwirken schenkt Yoga uns die Kunst der Entspannung und des Loslassens. Wir müssen das Riesenrad des Verstandes einmal stoppen und still sein. Danach, mit einem klareren Kopf, wisst ihr bestimmt besser, was zu tun ist. Ihr könnt eure Freizeit mehr genießen, weil ihr weniger Dinge und Sorgen habt, die euch nur stressen. So macht ihr euer Leben einfacher und könnt es mehr genießen, so wie wir Hirsche. Ich schenke euch in diesem Pergament ein paar fantastische Ideen und Aktivitäten des Yoga, damit ihr während des Tages mehr Pausen macht. Schaltet euren mentalen Computer aus, um ihn mit Energie, Klarheit und Frieden aufzuladen. Das Ziel der Entspannung ist es, sich zu zentrieren. Mit dem Yoga lernen wir, mit Erholung zu leben. Auf einmal wird alles anders scheinen, auch wenn die Dinge sich nicht groß verändern. Mit Yoga werdet ihr mehr inneren Frieden finden, der genauso ist wie der innere Frieden der kleinen Hirschjungen."

„Vielen Dank, Herr des Waldes", sagte Leo, der fasziniert war von diesem weisen Tier, während er das Pergament an sich nahm.

„Kann ich euch noch um einen Gefallen bitten?", fügte der Hirsch hinzu.

„Na klar, was auch immer du möchtest", erwiderte Carmen, während die anderen eifrig nickten.

„Ich bitte euch darum, darüber nachzudenken, wie ungerecht das Jagen von Tieren als Sport oder Spiel ist. Einige Erwachsene schießen nur auf uns, um ihre Wohnzimmer mit unseren Geweihen zu schmücken oder uns als Trophäen zu präsentieren. So zerstören sie viele Familien und lassen die Hirschjungen verwaist zurück. Ihre Seelen sind verwirrt, wenn sie unseren Tod mehr genießen als unser Leben. Sie wissen nicht, dass die größte Trophäe ein Herz ist, in dem für uns alle Platz ist."

Die Kinder versprachen, niemals selbst zu jagen und andere Kinder für dieses Thema zu sensibilisieren. Kurze Zeit später, als sie die Lagune hinter sich gelassen hatten, sahen sich die vier das Pergament an und lasen die gesamte Anleitung. Sie konnten schon vor ihrem inneren Auge sehen, wie sie diese Haltungen einnahmen und die Übungen machten.

WIE WIR DEN BÖSEWICHT NAMENS STRESS BESIEGEN

(ZWEITER TEIL)

1. YOGA-TECHNIKEN UND -HALTUNGEN (ASANAS), DIE UNS BERUHIGEN, WENN WIR NERVÖS SIND

Auf den folgenden Seiten findet ihr zu jeder Übung ein Bild. Ich empfehle euch zuerst das Bild zu betrachten und euch anschließend die Anleitung zur Übung durchzulesen. Am Besten ist es, mindestens drei Übungen mit drei Ruhepausen hintereinander zu machen und anschließend eine Atemübung. Am Schluss legen wir uns für die bewusste Entspannung auf die Yogamatte.

HALTUNG DES REIHERS

Probiere einmal die Haltung eines Reihers nachzuahmen, der sogar fest stehen bleibt, wenn er ein Bein hebt. Setze dich auf deine Yogamatte, winkle dein linkes Bein an und leg es fest am Boden ab. Greife mit deiner rechten Hand den rechten Fuß, mach deinen Rücken grade, atme ein, strecke dein linkes Bein nach vorn und ziehe es so weit du kannst an deine Brust heran. Wenn dir das sehr schwer fällt, greife dein linkes Bein unterhalb der Wade, halte dies eine Minute lang (oder so lang wie du kannst), löse auf und wiederhole das Gleiche nun mit dem rechten Bein. Lege dich anschließend auf den Rücken, spreize Arme und Beine wie ein Stern und versuche, deinen Rücken und die Hinterseite deiner Beine zu entspannen. Lass deine Brust und Bauchmuskeln weich werden.

HALTUNG DER BRÜCKE

Wir ahmen eine Flussbrücke nach, indem wir uns mit dem Rücken auf den Boden legen und die Beine anwinkeln. Die Füße stellen wir kurz vor den Pobacken auf. Deine Arme kannst du zu beiden Seiten deines Körpers ablegen. Atme ein und hebe dein Becken weit nach oben. Dann verschränke alle zehn Finger unter deinem Rücken ineinander. Deine Hüfte bleibt weit, aber die Arme, deine Füße und dein Kopf schieben fest in den Boden. Bleib hier und achte darauf, langsam zu atmen und die Augen geschlossen zu halten. Nach 30 bis 40 Sekunden löst du auf.

HALTUNG DES WELPEN (AUCH „HALTUNG DES KINDES" GENANNT)

Starte mit deinen Knien auf der Matte. Beuge dich nach vorn und versuche deinen ganzen Oberkörper auf deinen Oberschenkeln abzulegen. Mach dich ganz klein und leg deine Stirn oder eine Wange auf den Boden. Deine Arme liegen ganz entspannt neben deinem Körper. Spüre, wie deine Bauchdecke von deinen Oberschenkelmuskeln massiert wird. Atme tief ein und aus und lenk deine Aufmerksamkeit auf den Punkt zwischen deinen Augenbrauen. Bleib in dieser Haltung, während du versuchst, die Spannungen immer weiter aufzulösen.

HALTUNG AUF DER SEITE MIT GEÖFFNETEN BEINEN

Setze dich in einer Grätsche auf den Boden und lehne deinen Oberkörper über das linke Bein, während du mit der linken Hand versuchst, den linken Fuß zu greifen. Deinen rechten Arm ziehst du nun über das linke Ohr. Bleibe 20 oder 30 Sekunden in dieser Haltung und spüre, wie sich deine Seite auf- und abbewegt, wenn du atmest. Mache nun das Gleiche auf der anderen Seite.

HALTUNG DES WEISEN MATSYENDRA (HERR DER FISCHE)

Matsyendra war ein Fisch, den Shiva, der Herr des Yoga, zu einem Menschen machte, um ihm seine eigene Weisheit und Disziplin zu vermitteln. Setz dich hin und strecke beide Beine aus. Dann winkle dein rechtes Bein an und stell den rechten Fuß an die Außenseite des linken Knies. Jetzt zieh deinen linken Fuß zu deiner rechten Pobacke. Umarme dein rechtes Knie mit deinem linken Arm und drehe dich nach rechts. Stelle die rechte Hand hinter dir auf dem Boden auf, während du den gesamten Oberkörper und Kopf nach rechts drehst. Halte eine Minute lang und konzentriere dich auf deine Wirbelsäule oder die Atmung. Dreh dich dann wieder zur Mitte, streck beide Beine aus und wechsle die Seite.

ATMUNG DER WELLE AM STRAND

Wie eine Welle am Strand legen wir uns auf die Yogamatte und strecken Arme und Beine von uns. Du hast bereits gelernt dir vorzustellen, dass deine Bauchdecke beim Atmen wie ein Ballon aufgepumpt wird und beim Ausatmen die Luft herausgelassen wird. Stell dir deinen Oberkörper wie die Meeresküste vor: Beim Einatmen spürst du eine lauwarme Welle, die vom Bauch bis zu deinem Hals schwappt. Nimm dir für die Ausatmung doppelt so viel Zeit und stell dir vor, dass du die Welle wieder zum Meer zurückkehren lässt

- von der Brust hinunter über die Seiten bis zum Bauch.

GESANG DER HUMMEL

Es gibt nichts entspannteres, als eins zu sein, mit der Natur. Wir werden mit dieser Übung das Summen einer Hummel imitieren. Du kannst es allein machen, mit deiner Familie oder Freunden – in der Gruppe ist die Energie kraftvoller. Es ist wie ein Zaubertrick: Nach fünf Minuten wirst du dich schon komplett anders fühlen. Du musst dich nur so hinsetzen wie am Ende der vorherigen Übung, leicht erhöht auf einem Kissen. Schließe die Augen und atme zwei- bis dreimal langsam durch die Nase ein und aus. Bleibe ganz entspannt und halte den Mund geschlossen. Atme durch die Nase ein, leg deine Zunge an den Gaumen und ohne deine Lippen zu öffnen summe ein langes „M" bei der Ausatmung. Es ist wie ein Ton, der in dir widerhallt: „Mmmmmmmmmmmmmmmmmmm", so lang, wie du das Ausatmen aus der Nase andauern lassen kannst. Nach dem Einatmen wiederholst du dies immer und immer wieder. Lasse dich von dem sanften Kitzeln im Inneren deines Mundes einlullen, von dem Echo des Klanges in deinem Körper.

ENTSPANNUNG DES FRÜHLINGS

Wir beginnen, indem wir uns mit dem Rücken auf die Yoagmatte legen und die Arme und Beine von uns strecken. Wir lassen die Sorgen des Tages los und versuchen so in einen entspannten Zustand einzutauchen. Du musst gerade rein gar nichts tun. Die Welt entfernt sich immer weiter, während du deine Muskeln loslässt. Verlangsame deine Atmung und achte darauf, dass sie regelmäßiger wird. Stell dir das Ende des Winters vor, wenn noch alles eingefroren ist, und spann deine Beine und Füße fest an, als ob du ein Eisblock wärst. Streck die Zehen und drück die Beine und Pobacken fest zusammen. Und plötzlich kommt der Frühling und taut alles auf; die Sonnenstrahlen wärmen deine Füße und Beine und die Spannung löst sich auf. Mache das Gleiche mit deinen Armen: Balle die Hände zu Fäusten und hebe die Arme an. Spanne auch deinen Rücken an. Dann lässt du den Frühling auch in diese Bereiche eindringen. Das Eis schmilzt, die Arme werden in Wärme getaucht und entspannen sich und mit ihnen der gesamte Rücken und die Hände. Alles ist weich.

Zieh nun die Brust und den Bauch zusammen indem du leicht die Schulter von der Matte hebst. Nach einigen Sekunden stellst du dir vor, wie die Sonne darauf scheint und deinen Bauch warm und weich macht. Entspanne deine Brust und dein Inneres wird weich und sanft, während du die neue Jahreszeit willkommen heißt.

Zum Schluss machst du das Ganze nun mit deinem Kopf und deinem Hals. Hebe den Kopf etwas, press den Mund und die Augen zusammen, lass diese Bereiche zunächst einfrieren und lasse sie im Anschluss wieder los. Du wirst ganz locker und sanft; deine Augenlider sind wie zwei Schmetterlinge, die Lippen sanft geöffnet. Jetzt fühlst du dich immer entspannter, der ganze Körper ist komplett geschmolzen, locker, warm und weich. Stelle dir die Blumen und Sonnenstrahlen um dich herum vor.

HALTUNG DES REIHERS

HALTUNG DER BRÜCKE

HALTUNG DES WELPEN

HALTUNG AUF DER SEITE MIT GEÖFFNETEN BEINEN

HALTUNG DES WEISEN MATSYENDRA (HERR DER FISCHE)

2. VISUALISIERUNGEN UND MEDITATIONEN ZUR ENTSPANNUNG

Für die Meditation setzt du dich am besten auf ein Kissen und legst die Beine wie im Schneidersitz übereinander.

MEDITATION DER STERNE UND GRILLEN

Für diese Übung kannst du deine Eltern bitten, dir eine Audiodatei mit nächtlichen Klängen von Grillen herunterzuladen, die mindestens fünf Minuten lang ist. Schalte im Hintergrund den Klang der Grillen an. Sobald deine Atmung ganz sanft und dein Körper ganz locker ist, stell dir den nächtlichen Sternenhimmel ohne Mond vor. Verliere dich in der unendlichen dunkelblauen Kuppel, nimm die tausend Sterne wahr, die aus dem dunklen magischen Himmel aufblitzen, fühle Ruhe und Frieden, wie an einem Sommerabend. Du entspannst dich immer mehr, während du den Klängen der Grillen lauschst und dem Spektakel der Sterne zusiehst, deren Lichter zu blinken scheinen – sie sind nicht fest: Stell dir vor, du verschmilzt mit ihnen.

DER SEE UND DER SCHWAN

Mach es dir auf einem Kissen gemütlich und stell dir die Oberfläche eines kleinen, stillen Sees vor. Sie ist wie ein Spiegel, der die umliegende Natur reflektiert. Nun siehst du, wie ein friedlicher, eleganter Schwan vom anderen Ufer aus ganz langsam auf dich zu schwimmt. Beobachte die Gesamtsituation: Sobald er ganz in deiner Nähe ist, dreht er sich um und kehrt ganz langsam zum anderen Ufer zurück. Schau dir alle Einzelheiten an, wie er sich Stück für Stück über das stille Wasser des Sees von dir entfernt. Tauche in den stillen und friedlichen Zustand ein, den du dort erlebst.

DIE HÜTTE IM WALD

Stell dir vor, du befindest dich in einer einsamen Hütte im Wald. Die Hütte hat Steinwände und einen Schornstein. Du kannst den Wind draußen pfeifen hören und das Knistern des Feuers im Innern. Du spürst die angenehme Wärme des Feuers auf deiner Haut und den Duft des brennenden Holzes. Denke an die Formen, Strukturen und Farben dieses Lagerfeuers. Es erfüllt dich ein Gefühl von Sicherheit, Entspannung, Wärme und Ruhe.

3. RATSCHLÄGE UND SPIELE FÜR DRINNEN UND DRAUSSEN

Neben den Yoga-Techniken zum Entspannen gibt es auch noch andere Übungen und Spiele, die uns gelassener machen.

- *Wenn du merkst, dass du sehr nervös bist, versuche mal deine Füße zu massieren. Wenn du das nicht magst, massiere dein Haustier. Es wird es dir danken.*

- *Bereite ein heißes Bad vor, schließe die Augen und versuche dich an deine Lieblingsdüfte zu erinnern: frisch geschnittene Kräuter, frisches Obst, das Meer, eine Torte.*

- *Putze dein Zimmer und trenne dich von einem Teil deiner Dinge. Verschenke Spielzeug, das du nicht brauchst. Behalte Spiele, die dein handwerkliches Geschick fördern und nicht elektronisch sind und bei denen du gemeinsam mit Freunden etwas kreieren kannst. Mit der Hilfe deiner Eltern kannst du den Rest an eine Organisation spenden, die zum Beispiel benachteiligten Kindern hilft.*

- *Geh öfter hinaus in die Natur zum Spielen oder beobachte sie aufmerksam, auch wenn es nur ein Park in der Stadt ist, der große Bäume und viele Pflanzen hat. Dort kannst du verstecken spielen und dir neue Spiele mit deinen Freunden ausdenken, mit Dingen, die ihr vor Ort findet: zum Beispiel Federn, Kiefernzapfen, Wasser, Äste, Steine. Oder hast du schon einmal einen Baum gepflanzt oder Pilze gesammelt? Denke jedoch immer daran, Mutter Natur zu respektieren, denn sie ist so lebendig wie du.*

- *Reduziere deine Zeit vor dem Bildschirm und versuche mal mithilfe deiner Eltern eine regelmäßige, wöchentliche Aktivität in der Natur zu planen.*

KAPITEL 4

Das schlaueste und aufmerksamste Wesen des Berges

Sara war begeistert von diesen fantastischen Ideen: Sie hörten sich nach viel Spaß an, und wenn sie noch dazu beitragen könnten den Stress zu reduzieren, musste man es auf jeden Fall ausprobieren. Alle dachten darüber nach, dass ihnen ein bisschen Ruhe und Entspannung in ihrem Alltag guttun würde. Die Entspannung konnten sie jetzt schon ganz deutlich im Wald spüren. Leo dachte bereits darüber nach, welches Spielzeug er spenden könnte, wenn er zurückkehrte.

Marco führte die Gruppe weiter über den winzigen Wanderweg. Sie hielten neben ein paar Kastanienbäumen an, um die schönen kleinen und perfekten Pilze zu bewundern, die zu ihren Füßen wuchsen. Rundherum lagen Schalen mit Stacheln, die die Kastanien, die bereits von den Bäumen gefallen waren, beschützten. Der Boden des Waldes schien voller Leben zu sein. Neben unterschiedlichen Arten von Pilzen wuchs Moos über Steine, vereinzelt lagen umgefallene Baumstämme, aus denen wiederum andere kleine Pflanzen und Pilze wuchsen. Dies war die natürliche Umgebung von Amphibien, Insekten und kleinen Säugetieren wie dem bezaubernden Igel.

Unter dem Laub waren auch Eicheln, die – genau wie die Kastanien – in Berührung mit dem feuchten Boden in einigen Monaten ihre Samen keimen lassen würden. Diese würden im Boden bald Wurzeln schlagen, um eine neue Eiche oder Kastanie zu bilden – in einem Kreislauf, in dem aus dem scheinbaren Tod dieser herbstlichen Trockenfrüchte bald wieder neues Leben entsteht.

Sie waren so sehr davon fasziniert, diesen magischen und flauschigen Boden zu beobachten, dass sie nicht bemerkten, wie sich vor ihnen ein Haufen aus umgefallenen und umgeknickten Baumstämmen auftat, der ein wunderschönes, in sich verschlungenes Versteck bot. Auf einigen Stämmen hatte sich letzten Frühling Farnkraut gebildet, das wegen der neuen Jahreszeit nun braun und trocken geworden war. Als Carmen aufblickte, dauerte es nicht lang, bis sie ihre Kameraden davon überzeugt hatte, diese natürliche Hütte aus altem Holz und neuen Pflanzen zu erkunden.

Am Ende des Pflanzenlabyrinths sahen sie einen riesigen Eichenbaumstamm, der scheinbar von einem Blitz geteilt worden war, denn er besaß schwarze Brandflecken und lag zwei Meter von seiner Wurzel entfernt. Beim Fall war seine Baumkrone an einer alten Eiche hängengeblieben und bildete nun eine Brücke, wie ein schmaler Laufsteg über einem kleinen Bach.

„Hey, guckt mal, wie toll! Wollen wir mal versuchen, über den Fluss zu balancieren?“, fragte Sara begeistert.

„Cool, ich bin dabei.“, schrie Leo entzückt, ohne es sich zweimal zu überlegen.

„Du bist verrückt! Das ist mindestens zwei Meter hoch! Wenn wir da runterfallen, können wir uns verletzen“, wandte Marco sofort ein, weil er etwas Höhenangst hatte.

„Du musst dich nur ein bisschen konzentrieren und die Balance halten, komm schon. Das macht bestimmt Spaß“, erwiderte Carmen.

Ohne ganz davon überzeugt zu sein, akzeptierte Marco die Herausforderung. Alle schnürten ihren Rucksack und die Wanderschuhe fest und stellten sich in einer Reihe vor dem Baum auf. Da ein paar Felsen eine Art Treppe bildeten, konnten die Kinder leicht hinaufklettern, um zum Anfang des Laufsteges zu gelangen, der etwas breiter war. An diesem Ende begann Sara mit ausgebreiteten Armen, ohne nach unten zu schauen, einen Fuß vor den anderen zu setzen. Sie war ausschließlich auf die Linie konzentriert, die der Baum bis zum anderen Ende vorgab, und stand fest auf der rauen Oberfläche des Stammes. Ihre Freunde beobachteten sie schweigend, außer Leo, der ab und zu kicherte und das mutige Mädchen mit netten Worten ermunterte.

Extrem konzentriert war es ihr möglich, ihr Gewicht auszubalancieren und so sicher am anderen, schmaleren Ende des Stammes anzukommen. Ihre letzten Schritte waren sogar schneller geworden und nun kletterte sie an den Ästen der Baumkrone wieder auf den Boden hinab.

„Juhuu, ich hab's geschafft!“, rief Sara voller Freude, während ihre Freunde in begeisterten Applaus ausbrachen. „Jetzt bist du dran, Carmen.“

Ohne auch nur einen Augenblick zu zögern, fing Carmen an zu balancieren. Sie sah sehr entschieden aus und hatte einen festen Tritt, während sie ihre Freundin am anderen Ende der Baumbrücke anschaute.

Sie hielt den Atem etwas an, während sie versuchte, jeden Schritt aufmerksam und langsam zu verfolgen. Ungefähr auf der Hälfte des Stammes – sie wusste nicht warum – verspürte sie plötzlich den Impuls, nach unten zu schauen. Es trennten sie zweieinhalb Meter von spitzen, zum Himmel gerichteten Ästen, die sie neben den Steinen im kleinen Bach bedrohlich anblickten. Sie lenkte ihren Blick zurück nach vorn auf den Stamm, schluckte und war sich der Gefahr plötzlich sehr bewusst. Obwohl es kurz so aussah, als würde sie ihre Balance verlieren, fing sie sich wieder und hangelte sich eine Minute später schon zu ihrer Freundin hinunter. Sie fielen sich in die Arme, lachten und sprangen glücklich umher.

„Na los, wer ist jetzt dran?" fragte Carmen, noch immer sehr glücklich über ihre Leistung.

„Ich gehe!", schrie Marco von der anderen Seite.

Marco machte einen zweiten Knoten in seine Jacke, die er sich um die Hüfte gebunden hatte, und startete voller Angst und Zweifel. Dabei sah er die Mädchen auf der anderen Seite, die ihr Lachen zu unterdrücken versuchten und tuschelten, ob er es ohne Probleme auf ihre Seite schaffen würde.

Der Junge bewegte seine Arme wie ein Pendel, um sich auszubalancieren. Seine Angst ließ ihn zittern. Er bemerkte, dass der Baumstamm etwas feucht war und deshalb leicht rutschig, was ihm noch mehr Angst machte. Als er in der Mitte angekommen war, konnte er genau wie Carmen nicht anders, als nach unten zu schauen, von wo ihn die messerscharfen Spitzen der Äste anschauten. Beim nächsten Schritt fiel er. Sein Bruder und die Mädchen stießen einen entsetzten Schrei aus. Doch Marco war bei seinem Sturz auf dem Baumstamm sitzen geblieben und klammerte sich nun mit aller Kraft an ihm fest.

„Sehr gut, Marco, ganz ruhig", beruhigte ihn Sara. „Jetzt musst du dich nur vorsichtig aufrichten und uns anschauen."

Ganz langsam stützte Marco seine Hände auf den Stamm, hob die Knie, setzte sich auf alle Viere, stellte dann einen Fuß auf und richtete sich wieder auf.

„Das machst du sehr gut, Brüderchen, fall jetzt nicht wieder auf die Nase", rief ihm sein Bruder zu.

Marco, dem der Schrecken seines Sturzes noch in den Beinen steckte, versuchte sich nun gut zu konzentrieren. Er schaffte es bis zum Schluss, hangelte sich an der Baumkrone hinunter und legte sich erschöpft auf den Boden, als ob er gerade einen 100-Meter-Lauf gemacht hätte.

Doch viel Zeit zum Ausruhen blieb ihm nicht, denn er musste nun seinem kleinen Bruder Aufmerksamkeit schenken, der bereits am Anfang des Stammes stand. Da Leo etwas jünger war, waren seine Angstempfindungen noch nicht so ausgeprägt; im Gegenteil, er versuchte die Gefahren sogar noch herauszufordern. Sobald er losgegangen war, fing er an, seine Beine spielerisch hochzuheben

und die Situation noch riskanter zu machen. Er ruderte mit den Armen und hörte nicht auf zu lachen, anstatt sich zu konzentrieren.

„Kannst du bitte aufhören, den Clown zu spielen, und langsam und vorsichtig herkommen?“, rief sein Bruder verärgert.

„Es ist doch alles kein Problem, ich bin wie eine Libelle über dem Bach. Guck mal, wie ich meine Flügel bewege!“, lachte der Kleine. „Wow, habt ihr den Vogel gesehen, der sich grad auf den Ast hinter euch gesetzt hat? Der ist ganz schön groß und fast komplett gelb.“

Bevor seine Freunde Leo ermahnen konnten, er solle sich nicht dauernd ablenken lassen, ertönte eine schrille, freche und sehr penetrante Stimme von der anderen Seite des Baches:

„Das ist ein Pirol, du Narr, und ich verwette meinen kraftvollen Schwanz darauf, dass du runterfällst, bevor dieser wundervolle Vogel, der dein Geschwätz satthat, sich wieder zum Fluge erhebt.“

Erschrocken über diese Worte drehten die vier Kinder sich auf der Stelle um und suchten nach dem Urheber. Sie erblickten ihn gleich: Er saß da und schaute sie mit den schlauesten und spöttischsten Augen an, die sie jemals gesehen hatten.

„Wow, du bist ja ein Fuchs!“ staunte Leo mit riesigen Telleraugen, denn das war sein Lieblingstier. Im gleichen Augenblick rutschte er aus, schaffte es aber gerade noch, sich so gut es ging mit den Händen an einem Ast des Stammes festzuhalten.

Bei dem Krach flog der Pirol davon. Marco hastete los, um seinem Bruder zu Hilfe zu kommen. Dabei rief er ihm zu, er solle sich nicht bewegen und durchhalten.

Die Mädchen kletterten nach unten in den kleinen Bach und setzten sich direkt unter Marco, um seinen Sturz abzufedern, falls er herunterfallen sollte.

„Ich hab's dir gesagt, du Dummkopf, deine Spinnereien mussten dir ja zum Verhängnis werden“, fügte der Fuchs hinzu, ohne mit der Wimper zu zucken. Dabei beobachtete er ganz genau jedes Detail der Rettungsaktion, die Leos Freunde unternahmen.

Marco schaffte es, seinem Bruder hoch zu helfen und ihn sicher auf die andere Seite zu bringen. Die vier Freunde umarmten sich glücklich und erleichtert. Dann drehten sie sich zu dem, wie man sagt, listigsten Tier der Natur um. Dort saß er, aufgerichtet, mit seinen alles durchdringenden Augen, seinen schwarzen Beinen und dem schönen Schwanz, der aussah wie ein Staubwedel in den Farben der feurigen Nachmittagssonne.

Ohne sie aus den Augen zu lassen, kam er ihnen entgegen. Seine leisen Schritte schienen das dichte Laub gar nicht zu berühren, kein Rascheln war zu hören. Als er der Gruppe ganz nah war, stieg er auf einen Stein und setzte sich, dabei stellte er an einer Seite seinen großen, weichen und wunderschönen

Schwanz von mehr als einem halben Meter Länge zur Schau. Die vier Kinder bewunderten die Schönheit dieses tierischen Spötters und die beeindruckende Farbenpracht seines Fells von Schneeweiß bis ins Rötliche. Leo war zweifelsohne der Verblüffteste. Seitdem er einmal einen Film gesehen hatte, in dem die beiden Hauptfiguren ein Mädchen und ein Fuchs sind, hatte er eine uneingeschränkte Faszination für diesen Waldbewohner entwickelt. Unser Fuchs, nachdem er den Kindern scharf in die Augen geblickt hatte, blinzelte nun und fing an, zu ihnen zu sprechen:

„Meine Brüder, die Hirsche, haben mir von euch erzählt. Da ihr begriffen habt wie wichtig Entspannung ist, verrate ich euch das Geheimnis einer bewussten Aufmerksamkeit.Maximale Aufmerksamkeit führt zu unzähligen Vorteilen."

„Welche Vorteile?", fragte Marco neugierig.

„Nun gut, zunächst einmal entgeht man damit vielen Unfällen – wie zum Beispiel dem, den ihr gerade gehabt habt", sagte der Fuchs. „Sara hat den Stamm ganz aufmerksam überquert, mit all ihren Sinnen darauf konzentriert, die Mission zu erfüllen; wachsam über ihren Körper, ihr Gleichgewicht und die Oberfläche der Baumrinde. Du, Carmen, warst auch ziemlich konzentriert, nur einen Augenblick hast du nach unten geschaut, hast deine Aufmerksamkeit dann aber wieder auf deine Schritte gelenkt, wodurch du dein Gleichgewicht wiedergefunden hast. Marco, du hast dich von deinen Gedanken ablenken lassen. Das Gefühl der Angst war präsenter als die Realität, einen Baumstamm unter deinen Füßen zu haben und Schritt für Schritt vorwärts kommen zu müssen – deshalb bist du letztendlich ausgerutscht. Und du, mein kleiner Freund, warst so abgelenkt, so unaufmerksam für das Wesentliche, dass man das Unglück schon kommen sehen konnte. Es ist gut, keine Angst zu haben und aufmerksam für Dinge zu sein, die um einen herum passieren. So hast du den Pirol bemerkt, der sich auf einem Ast abgesetzt hatte. Allerdings hättest du dich in dem Moment eigentlich auf dein Gleichgewicht konzentrieren müssen. Die Aufmerksamkeit ist übrigens die wesentlichste Zutat der Intelligenz."

„Seid ihr Füchse deshalb die schlauesten Tiere der Natur? Warum seid ihr so aufmerksam?", unterbrach ihn Leo.

„In der Tat, Kleiner, ich sehe, dass du bereits einiges weißt über uns Füchse. Wir sind für unsere Intelligenz im ganzen Wald bekannt und werden von den Menschen gern als Schlitzohr bezeichnet. Unsere Sinne sind außergewöhnlich scharf und fein. Wir schaffen es, Gerüche und Töne aus weitester Entfernung wahrzunehmen. So vermeiden wir es, von unserer Beute gesehen zu werden und können vor Raubtieren fliehen, bevor sie oder andere Eindringlinge uns zu nahe kommen. Wir sind eines der anpassungsfähigsten Tiere und gewöhnen uns schnell an neue Bedingungen in unserer Umgebung. Deshalb können wir sowohl in hoch gelegenen Gebieten oder Bergen mit Schnee leben, als auch in Wüsten, Wäldern und Städten.

Wir gehen Gefahren oder Dingen, die uns nichts Gutes bringen, aus dem Weg und suchen kreativ nach Lösungen. Wenn ein Fluss überquert werden soll, weil auf der anderen Seite ganz viel Fressen auf uns wartet, dann seid versichert, dass der Fuchs ein Mittel finden wird, um ans andere Ufer zu kommen. Wir beschweren uns nie, sondern passen uns an. Wir finden immer neue Wege, uns außerhalb der Routine oder des Festgelegten zurechtzufinden, mit einer offeneren Einstellung zur Wirklichkeit. Wir haben einen wachen Verstand, der im Moment lebt und uns mit flinken Reflexen versorgt. Dazu besitzen wir eine einzigartige Präzision in unseren Bewegungen, die uns erlaubt, Strategien zu entwickeln, um das zu erreichen, was wir uns wünschen.

Nun fragt ihr euch sicher, welche Vorteile es für euch Kinder hat, eure Aufmerksamkeit zu trainieren. Dann hört zu, ich verrate euch einige davon:

- *Ihr könnt eure Aufgaben schneller erledigen und werdet schneller lernen, ohne abgelenkt zu sein. Ihr werdet Unfällen eher entgehen, wie dem vorhin.*

- *Euer Bewusstsein für alles wird größer. Das heißt, dass ihr euch allen Dingen in ihrer Tiefe bewusster werdet, sowohl was die Wahrnehmung eures Körpers angeht, als auch eure Gedanken und Gefühle. So werdet ihr mit diesen besser umgehen können, sie regulieren lernen, ohne dass sie euch beherrschen, so wie die Angst es mit Marco gemacht hat. Ihr erlangt so Selbstkontrolle und die Impulse und negativen Gedanken werden weniger. Es ist sogar so, dass das Leben im aufmerksamen Zustand erst seine ganze Magie entfaltet, denn anstatt gedanklich in der Zukunft zu sein, Zweifel zu hegen oder in Erinnerungen zu schwelgen, sind wir in der Realität, im Hier und Jetzt. Dadurch, dass wir aufmerksam sind, wird alles bunter, riecht intensiver und frischer, die Klänge werden schärfer wahrgenommen, das Essen schmeckt besser, uns entgeht nichts mehr.*

- *Wir denken mit viel mehr Klarheit und Kreativität und sind fähig, Schwierigkeiten zu begegnen. Wir lernen, Situationen zu akzeptieren, die wir nicht ändern können. Euer Verhalten wird genauer und stressfreier und ihr werdet euch selbst und andere weniger kritisieren und beurteilen. Das wird wiederum eure Beziehungen zu anderen Kindern und zu euren Eltern verbessern. Wer seine Gefühle kennt, der kann sich auch leichter in andere hineinversetzen und sie verstehen.“*

„Und was müssen wir machen, um das alles zu erreichen?“, fragte Carmen.

„Wollt ihr intelligenter und erfinderischer sein, emotional stabiler und geschickter mit euren Gefühlen umgehen?“, fragte das Schlitzohr. „Dann müsst ihr eure Aufmerksamkeit trainieren. Genau wie der körperliche Sport die Muskeln des Körpers trainiert, gibt es einen Sport, der von den Weisen und von der Natur betrieben wird. Er schult eure Aufmerksamkeit und Konzentration in hohem Grade und heißt Meditation.

Es gibt sehr viele Techniken. In diesem Manuskript findet ihr Yoga- und Meditationsübungen, die gezielt eure Aufmerksamkeit erhöhen. Ich übergebe euch also hier die Schlüssel des Aufmerksamkeitstrainings. Es war mir ein Vergnügen, euch kennenzulernen. Ich gehe zurück in meinen Bau, wo mein Junges auf mich wartet. Seht ihr ihn dort?“ Der Fuchs zeigte etwas weiter entfernt auf eine Stelle neben einem Baum. „Ich muss in diesem Gebiet sehr aufmerksam sein, denn die Menschen jagen uns leider immer noch, um aus unserem Fell Jacken herzustellen.“

„Danke, Freundchen Fuchs, ich werde dieses Treffen nie vergessen“, sagte Leo, streckte sich nach vorne und nahm das Pergament aus dem Mund des Fuchses.

Alle Kinder dankten dem kupferfarbenen Tier für seine Worte und verabschiedeten sich mit einem Blick auf sein Junges, ein kleines und wunderschönes Füchschen.

WIE WIR ES SCHAFFEN, AUFMERKSAMER UND KONZENTRIERTER ZU SEIN

1. YOGA-HALTUNGEN UND ATEM-ÜBUNGEN, DIE DER KONZENTRATION DIENEN

HALTUNG DES BAUMES

Konzentriere dich im Stehen auf deine Fußsohlen, spüre das gesamte Gewicht auf ihnen, drücke leicht auf alle Seiten der Sohle, so als ob du wie ein Baum Wurzeln schlagen wolltest. Versuche den rechten Fuß zu heben. Beuge dein rechtes Knie an die Brust, öffne das Knie zur Seite und stemme die Sohle des Fußes fest gegen die Innenseite des linken Oberschenkels. Anschließend kannst du die Arme mit geradem Rücken zum Himmel heben und die Finger über deinem Kopf verschränken - außer die beiden Zeigefinger, die nach oben zeigen. Versuche deinen Blick auf einen Punkt vor deinen Augen zu konzentrieren. Atme tief ein und aus, halte dein Gleichgewicht und versuche es so lange zu halten, wie es geht. Anschließend wechsle die Seiten.

HALTUNG DES TANZENDEN (VARIATION)

Wir starten mit der Haltung des Baumes, nur, dass wir den rechten Fuß diesmal mit der rechten Hand greifen und das rechte Bein langsam und vorsichtig zur Seite ausstrecken. Der linke Arm ist zur linken Seite ausgestreckt. Wir versuchen, das Gleichgewicht zu halten und uns auf die Fußsohle zu konzentrieren, die fest auf dem Boden steht. Unsere Atmung bleibt dabei ruhig und wir konzentrieren uns auf einen Punkt in unserem Blickfeld. Wir halten zwischen 20 und 40 Sekunden und wechseln anschließend die Seiten.

HALTUNG DES ADLERS

Der Adler besitzt viel Geschick, Geschwindigkeit, eine außergewöhnliche Balance im

Flug und ein einzigartiges Sehvermögen. Er beobachtet alles sehr aufmerksam aus dem Himmel. Um in diese Haltung zu kommen, stelle dich mit geschlossenen Beinen auf die Matte, beuge deine Knie leicht, hebe deinen linken Fuß vom Boden und lege das linke Bein ganz vorsichtig, um nicht das Gleichgewicht zu verlieren, über das rechte Bein. Den linken Fuß klemmst du an die Hacke des rechten Fußes. Strecke deine Arme nach vorne aus, lege deinen rechten Arm über den linken. Dann beuge deine Ellenbogen vor der Brust an und lasse deine Unterarme nach oben zeigen. Versuche deine Handflächen gegeneinander zu pressen. Suche dir einen festen Punkt, auf den du dich konzentrierst, achte auf deine Atmung und bleibe fest mit dem Boden verbunden. Halte so lange, wie du kannst, und wechsle anschließend die Seiten von Beinen und Armen.

HALTUNG DES NACH UNTEN SCHAUENDEN HUNDES (VARIATION)

Begib dich auf alle Viere und leg die Unterarme auf dem Boden ab, schulterbreit voneinander getrennt. Verschränke die Hände miteinander und drücke die Kanten deiner Unterarme fest gegen den Boden. Atme tief ein und stütze die Zehen auf den Boden. Atme aus und schiebe dabei deinen Po zu den Fersen. Strecke nun deine Beine bis die Hüften weit oben sind und deine Sitzhöcker Richtung Himmel zeigen. Wenn du hier stabil bist, hebe das linke Bein. Schließe die Augen, entspanne den Hals und konzentriere dich auf den Punkt zwischen deinen Augenbrauen, während du versuchst, Platz zwischen deinem Kopf und dem Boden zu schaffen. Halte so lange, wie du kannst, und löse die Haltung dann ganz langsam auf. Wechsle anschließend das Bein.

HALTUNG DER BRÜCKE (VARIATION)

Setz dich auf deine Yogamatte, stell die Füße auf und ziehe sie nah an deine Gesäßmuskeln, hüftbreit voneinander entfernt. Bring dann deine Hände 20 cm hinter deinem Rücken zum Boden, die Finger zeigen zum Rücken. Atme ganz langsam und bewusst ein und hebe deine Hüfte zum Himmel bis du deine Knie fast nicht mehr siehst. Halte eine einzige Linie von den Knien bis zu deinen Schultern. Wenn du glaubst, weiter gehen zu können, strecke das rechte Bein nach vorne aus. Lenke deine Aufmerksamkeit ein paar Sekunden auf deine Atmung und wechsle dann zum rechten Bein, welches du nun nach vorne ausstreckst. Stell dir vor, ein Fluss müsse unter dir hindurchfließenund schieb deine Hüfte noch ein Stück nach oben.

HALTUNG DES STORCHES

Wir starten im Vierfüßlerstand. Von dieser Position aus heben wir das linke Bein und versuchen den Fuß mit unserer rechten Hand zu greifen und weiter in die Höhe zu ziehen. Du wirst vielleicht merken wie das Gewicht deines Körpers leicht zur Seite kippt. Halte mit der linken Hand und dem rechten Bein auf der Matte eine stabile Verbindung zum Boden, um dies zu verhindern. Wechsle anschließend zum rechten Bein und führe die Übung mit der anderen Seite aus.

HALTUNG DES WEISSEN LOTUS (VARIATION)

Dies ist die beste Haltung für die Konzentration und Meditation. Setze dich mit geradem, aufgerichtetem Rücken wie ein Baumstamm auf deine Matte. Überkreuze die Beine und lege einen Fuß auf den jeweils anderen Oberschenkel. Wenn du es kannst, versuche deine Arme hinter dir zu kreuzen und mit einer Hand den großen Zeh des jeweils gegenüberliegenden Fußes zu greifen. Schließ die Augen. Lenke deine Aufmerksamkeit auf die Länge deiner Wirbelsäule oder zwischen deine Augenbrauen und atme dabei tief ein und aus. Löse alle Spannungen, die du in deinem Körper wahrnimmst.

ATEM ANHALTEN

Auch das Atem anhalten ist eine wichtige Meditationsübung. Bleibe dazu in der Haltung des weißen Lotus und lege die Hände in den Schoß. Atme einmal komplett ein und aus. Hole dann einmal Luft vom Bauch bis in die Brust, halte den Atem genauso lang oder doppelt so lang wie du eingeatmet hast an, spüre wie gefüllt deine Lungen sind, und atme dann doppelt so lange aus.

HALTUNG DES BAUMES

HALTUNG DES TANZENDEN (VARIATION)

HALTUNG DES NACH UNTEN SCHAUENDEN HUNDES (VARIATION)

HALTUNG DER BRÜCKE (VARIATION)

HALTUNG DES STORCHES

HALTUNG DES ADLERS

HALTUNG DES WEISSEN LOTUS (VARIATION)

ATEM ANHALTEN

2. MEDITATIONEN, UM AUFMERKSAMER ZU SEIN

Jede Übung sollte ungefähr fünf Minuten dauern.

ÜBUNG ZUR REINEN KONZENTRATION AUF KLÄNGE

Komme in einen Meditationssitz, schließe die Augen und lenke die Aufmerksamkeit auf deinen Hörsinn. Versuche, ganz konzentriert alle Töne und Klänge aufzunehmen, die bei dir ankommen – mal sehen, wie viele du wahrnehmen kannst. Fokussiere dich auch auf die Entferntesten, schau, ob du merkst, welche Klänge zur gleichen Zeit erklingen. Diese Übung kannst du natürlich Zuhause machen, aber ich würde dir empfehlen, sie während eines Ausflugs in der Natur auszuprobieren. Wenn du bemerkst, wie dein Kopf an etwas anderes denkt - nimm es wahr, versuche dem Gedanken aber nicht zu folgen und kehre ganz einfach zur Übung zurück.

ÜBUNG ZUR KONZENTRATION AUF DEN LUFTZUG DURCH DIE NASE

Setze dich in den Schneidersitz, schließe die Augen und konzentriere dich auf deine natürliche Atmung. Du musst nichts mit ihr machen, nur beobachten, wie beim Ein- und Ausatmen ein kleiner Luftzug deine Nasenlöcher streift. Nimm an deiner Nasenspitze wahr, wie die Luft eindringt und wieder rauskommt, ohne an irgendetwas anderes zu denken. Und nun, ohne die Konzentration darauf zu verlieren, beginne, deine Atemzüge zu zählen. „Entspannt einatmen und ganz ruhig ausatmen - eins. Einatmen, ausatmen - zwei.“ Lass dir Zeit und bleibe fünf Minuten ganz konzentriert.

ÜBUNG DES MENTALEN WALDES

Stell dir deinen Verstand wie einen Wald vor und beobachte diesen ganz aufmerksam aber distanziert, als ob du ihn durch ein Fernglas sehen würdest. Es geht darum, dass du ganz ruhig, als ob es dich gar nicht kümmern würde, wahrnimmst, was in dieser mentalen Landschaft so passiert und existiert. Du schaust entspannt von außen, ohne dich einzumischen oder es zu beurteilen. Schau dir die Erinnerungen an, die erscheinen, die Bilder, die Gefühle, die Gedanken über die Zukunft, der eine oder andere Ohrwurm. Es ist, als ob du sehen könntest, was hinter dem Nebel versteckt liegt: Beobachte deine Gedanken wie vorbeiziehende Wolken.

MEDITATION DER NACHBILDUNG DEINES LIEBLINGSORTES

Wir alle haben einen besonderen Ort, an dem wir uns sehr wohl fühlen. Das kann dein Kinderzimmer sein, ein Urlaubsort, das Haus deiner besten Freundin oder deines besten Freundes. Wähle in Gedanken einen Ort und setze dich in den Meditationssitz. Nun versuche, diesen Ort mit der größten Genauigkeit nachzubilden, mit allen Dingen die er beinhaltet: seine Farben, die Formen, möglichst auch den Geruch und andere Empfindungen, die du hast, wenn du dort bist.

3. RATSCHLÄGE, AKTIVITÄTEN UND SPIELE, DIE DIE AUFMERKSAMKEIT ANREGEN

- *Dieses Spiel kannst du allein spielen oder mit deinen Freunden. Dafür brauchst du nur ein Fernglas und musst in einen Park hinausgehen, in dem es genug Pflanzen und große Bäume gibt. Du kannst es auch an einem Tag machen, an dem du mit deinen Eltern einen Ausflug aufs Land machst. Ein Handbuch, um heimische Vogelarten zu bestimmen, kann ebenso sehr hilfreich sein. Im Internet findet ihr ganz sicher auch eine Übersicht dazu. Es geht darum, sehr aufmerksam zu sein, damit dir nichts aus der wilden Tierwelt entgeht. Beobachte vor allem die Vögel und zähle alle Arten, die du siehst. Mit dem Fernglas wirst du die äußeren Eigenschaften der Arten noch klarer unterscheiden können, zum Beispiel die verschiedenen Schnäbel, Federformen, Farben usw. Mit dem Handbuch wirst du sie sogar zuordnen können. Wie viele Arten schaffst du zu zählen? Das Gleiche kannst du mit Insekten machen.*

- *Singe das Om-Mantra. Wiederhole den Ommmmmm-Klang gedanklich immer und immer wieder, werde bei jedem natürlichen Ausatmen länger und lenke die Aufmerksamkeit zwischen deine Augenbrauen (fünf Minuten lang).*

- *Mit drei oder vier Freunden: Jede/r zeichnet und malt ein Mandala aus, von Anfang bis zum Ende, ohne es den anderen zu zeigen. Danach zeigt man es zwei Minuten lang der Gruppe. Jeder schaut sich in diesem Zeitraum das Mandala eines Spielgefährten ganz aufmerksam an. Dann werden sie wieder verdeckt und jeder versucht das Mandala, auf das sie oder er sich konzentriert hat, so genau wie möglich nachzubilden.*

KAPITEL 5

Eine fröhliche und lachende Baumkreatur

Nachdem sie etwa 200 Meter weitergewandert waren, mussten die Freunde über ein paar Steine klettern und einen Hügel hinabsteigen. Sie erreichten einen Pinienwald, wo sie zwischen den Bäumen stehenblieben. Sara und Carmen studierten die Ratschläge des Fuchses. Dabei gerieten sie in einen unnötigen Streit darüber, wie man eine der Haltungen machen sollte. Beide wollten um jeden Preis recht behalten, holten alte Streitereien wieder ans Licht und wurden immer wütender.

„Du denkst immer, dass du alles besser weißt und wir anderen dumm sind", sagte Sara.

„Du bist einfach nur neidisch und kannst nichts zugeben", giftete Carmen zurück.

Die Jungs, die sich am Anfang abseits hielten, bemerkten, dass die Situation immer angespannter wurde. Leo mochte es überhaupt nicht, wenn Menschen stritten und laut wurden, weshalb ihn ein Gefühl von Trauer überkam.

„Hey, Mädels, bitte hört auf damit, es lohnt sich doch nicht. Los, wir setzen uns unter die Pinie dort und essen unsere Sandwiches, ich hab Hunger", bat Marco.

Die Mädchen hörten auf ihn und schwiegen unwillig, obwohl sie nicht leugnen konnten, dass sie nach all den aufregenden Abenteuern im magischen Wald auch Hunger verspürten. Sie breiteten eine Picknickdecke aus, die in ihrem Rucksack verstaut war, und holten die Sandwiches, Wasserflaschen und eine Tüte Studentenfutter heraus. Ihnen lief schon das Wasser im Mund zusammen. Carmen und Sara, die fast nicht mehr miteinander redeten, fingen an, Haselnüsse zu essen.

Plötzlich eilte ein kleines, rotes Eichhörnchen - angelockt vom Anblick der leckeren Nüsse - wie ein Kletterkünstler von der Pinie herab. Die Gesichter der Kinder hellten sich schlagartig auf, als sie sahen, wie es den Baum herabkam, um sich ihnen und den Haselnüssen in der Mitte der Decke zu nähern. Mit den Vorderpfoten griff das Eichhörnchen eine Nuss, nahm sie mit auf den Waldboden und verspeiste sie mit schnellen und regelmäßigen Bissen im Nu. Danach kam es wieder, um sich Nachschlag zu holen.

„Hahaha, was für ein süßes Eichhörnchen! Die sind super witzig und es sieht so aus, als ob sie immer lächeln“, rief Marco begeistert. „Für einen Moment dachte ich schon, dass es auch gleich anfangen würde zu reden und sich als ein Lehrer des Waldes entpuppt.“

„Wer hat dir gesagt, dass ich nicht reden würde? Es ist nur so, dass ich auch Hunger habe und diesen zarten Nüssen nicht widerstehen kann.“

Das Eichhörnchen hatte gesprochen, und auch wenn diese Szene sich nun schon mehrfach wiederholt hatte, verlor sie für die jungen Abenteurer kein bisschen an Überraschung und Faszination.

„Ich fasse es nicht, das ist ja Wahnsinn!“, rief Carmen, die die schnellen und grazilen Bewegungen dieses kleinen Baumkronenbewohners beobachtete. „Und was wirst du uns erzählen, wenn man fragen darf?“

Das Eichhörnchen, das gerade eine Nuss verspeist hatte, kletterte mit einem blitzschnellen Sprung wieder den Baumstamm hinauf und setzte sich auf einen Ast. Von dort antwortete es Carmen.

„Eigentlich möchte ich, dass du mir erklärst, warum du wütend auf Sara geworden bist. Und ich meine den wirklichen Grund, nicht den scheinbaren. Denk mal ein bisschen nach und sag nicht sofort das erste, was dir in den Kopf kommt.“

Das Mädchen, das nicht mit einer Gegenfrage gerechnet hatte, und erst recht nicht mit so einer persönlichen, schämte sich nun ein bisschen. Dann fing sie aber an, nachzudenken, um eine Antwort zu finden. Nach einigen Sekunden und unter den aufmerksamen Blicken ihrer Freunde antwortete Carmen:

„Weil Sara nicht so gedacht hat, wie ich es wollte. Ich wollte, dass sie mit meiner Meinung übereinstimmt und das bestätigen würde, was ich gesagt habe. Weil sie das nicht tat, bin ich wütend geworden.“

„Du bist ein sehr schlaues Mädchen, du gefällst mir“, unterbrach sie das Eichhörnchen. „Also könnte man sagen, dass sie deine Erwartungen und Wünsche nicht erfüllt hat und dass dir das nicht gefallen hat, dass ein anderes Mädchen anders handelt und denkt als du, oder liege ich da falsch?

„Du hast recht, bei mir war es genauso“, bemerkte Sara, während Carmen zustimmend nickte.

Das Eichhörnchen lächelte die Mädchen an und sprach:

„Es ist völlig normal, ab und zu mal wütend oder traurig zu sein. Das sind Grundgefühle, die wir beobachten sollten, um zu wissen, woher sie kommen und um sie zu verstehen damit sie sich nicht ausbreiten. Bevor ihr mich jetzt fragt – ja, es gibt ein Heilmittel gegen übermäßigen Ärger und auch gegen Trauer.

Denkt an die Situation vorhin; wenn wir uns Dinge wünschen – seien sie materiell oder nicht – und wir sie nicht bekommen oder sie nicht so sind, wie wir sie wollen, zum Beispiel Schulnoten, Bestätigung von Freunden, ein Geschenk usw., dann gibt es zwei Möglichkeiten: Entweder bin ich enttäuscht, fühle mich also schlecht, wütend oder traurig, weil ich das hasse, was passiert ist. Oder ich akzeptiere es als eine Möglichkeit im Leben, die nicht in meiner Hand liegt. Wenn ich die Situation verbessern oder lösen kann, mache ich mich ans Werk, aber wenn nicht, erkenne ich sie an und verliere nicht den Mut.

Die zweite Option fühlt sich, wie ihr euch denken könnt, weniger schlecht an – denn Ärger fühlt sich für niemanden gut an und Traurigkeit noch weniger. Hierfür gibt es nun eine Formel, die uns Yoga lehrt, und zwar die der inneren Heiterkeit. Wir Eichhörnchen kennen sie gut, denn wir sind immer fröhlich.

Und wie behalten wir diese innere Freude, egal, was draußen passiert? Indem wir uns in Dankbarkeit üben – indem wir dankbar sind. Normalerweise merken die meisten von euch Kindern in diesem Land nicht, wie viele wunderbare Bedingungen ihr genießt: Ihr habt tolle Eltern, Verwandte und Freunde, die euch lieben und alles dafür tun, damit ihr glücklich seid. Ihr habt ein Haus, in dem ihr euch vor der Kälte schützen könnt, mit einem Zimmer für euch allein. Ihr habt Trinkwasser und warmes Wasser zum Baden. Es fehlt euch nie an Essen und ihr habt sogar die Möglichkeit, euer Essen zu wählen. Und vergessen wir nicht, dass ihr in eine Schule geht, in der ihr viele Dinge lernen könnt. Ihr habt Spielzeug und Freizeitaktivitäten, ihr treibt Sport. Viele Kinder aus armen Ländern leben auf der Straße; andere, die mehr Glück haben, leben in einem kleinen Haus ohne Heizung, in dem sie ihr Zimmer mit ihren Eltern oder Geschwistern teilen müssen. Sie haben kein warmes Wasser und das Trinkwasser bekommen sie manchmal erst nach kilometerlangen Fußwegen zur Quelle. Diese Quelle hat nicht immer sauberes Wasser, sodass Krankheiten übertragen werden können. Manchmal können diese Kinder nicht mehr als eine Mahlzeit am Tag essen, die sehr einfach und nicht ausreichend ist. Manche Kinder müssen arbeiten, um ihren Eltern zu helfen, weshalb sie nicht zur Schule gehen können. Die Mehrheit von ihnen hat kein Spielzeug, keinen Computer und kein Handy.

Merkt ihr, wie viel Glück ihr habt? Es ist sogar so, dass diese Kinder dankbar für das sind, was sie haben: Jeden Morgen wärmt sie die Sonne und gibt ihnen Licht; die Atmosphäre gibt ihnen Luft zum Atmen und zum Überleben. Sie sind arm, aber glücklich darum, ihre Eltern zu haben. Und sie sind dankbar für den Teller Essen und für die Natur, die ihnen erlaubt, ihre Flüsse, ihr Land und ihre schönen Tiere zu genießen. Als Kinder haben sie auch Spaß daran, ihr eigenes Spielzeug zu bauen oder sich gemeinsam Spiele auszudenken. Wenn sie so glücklich sind, wie kann es sein, dass ihr so viel Zeit damit verbringt, euch zu ärgern? Ihr habt viel mehr Bedingungen, für die ihr dankbar und glücklich sein könnt. Ihr denkt bloß nicht daran und arbeitet nicht aktiv daran, euch dessen immer bewusst zu sein. Wenn es so wäre, dann würdet ihr nicht den restlichen Tag rumschmollen, nur weil eure Eltern euch etwas verboten haben oder nicht geben wollten. Denn jemanden, der von innen heraus fröhlich und wirklich glücklich ist, stört es nicht so sehr, wenn es manchmal nicht wie gewünscht läuft. Ein solcher Mensch akzeptiert das Leben mit seinen Veränderungen – er ist flexibel wie Bambus.

Yoga ist hervorragend geeignet, um unsere Menge an Freude immer weiter zu steigern. Es gibt viele Yoga-Methoden, unter anderem die Meditation, mit der man Freude und Dankbarkeit trainieren kann. Es gibt auch Spiele und Aktivitäten, die ich in diesem Pergament gesammelt habe. Genießt sie, Kinder! Ich gehe jetzt zurück, um mit meinen Pinien zu spielen, solange sie noch da sind. Denn auf Grund von Bränden und unkontrolliertem Bäumefällen bleibt für uns Eichhörnchen immer weniger Lebensraum. Wenn die Zerstörung der Natur nicht gestoppt wird, lauft auch ihr Gefahr, keine saubere Luft mehr zu atmen und diese Schönheit, die euch umgibt, zu verlieren."

Carmen nahm das Pergament aus den winzigen Händen des Eichhörnchens, das lächelnd in die Baumkrone emporkletterte.

DAS ABENTEUER, FRÖHLICH UND DANKBAR ZU SEIN

1. YOGA-HALTUNGEN, DIE ZUR INNEREN FREUDE BEITRAGEN

Versuche daran zu denken bei jeder der folgenden Übungen ein leichtes Lächeln im Gesicht zu haben.

HALTUNG DER ERHÖHTEN AUSTER

Setz dich auf deine Matte, winkle die Knie an und lege die Fußsohlen aneinander. Führe deine Arme zur Innenseite deiner Beine und greife deine Fußrücken. Atme tief ein und hebe dabei deine Beine, während du den Rücken aufrecht hältst und die Füße zur Brust führst. Halte, solange du kannst, atme dabei tief und bewusst.

HALTUNG DER KATZE

Begib dich auf alle Viere. Mache ein Hohlkreuz, als ob du mit dem Bauch den Boden berühren wollen würdest und lege deinen Kopf in den Nacken. Lass deine Arme gestreckt, aber dreh deine Oberschenkel und Gesäßmuskeln leicht nach außen. Bleibe 30 Sekunden in dieser Haltung, ruhe dich dann kurz aus und wiederhole sie.

HALTUNG DES SCHMETTERLINGS

Setz dich in die Hocke und trenne die Füße etwas. Die Zehen sollen leicht nach außen zeigen, die Knie sind gebeugt und so weit geöffnet wie möglich. Die Füße sind fest am Boden, der Rücken gerade. Falte deine Hände auf der Höhe des Herzens in Dankbarkeit und schiebe deine Ellenbogen gegen die Innenseite der Knie, so dass deine Beine wie Schmetterlingsflügel ausgebreitet sind. Bleibe so lange in der Haltung, wie es für dich bequem ist.

HALTUNG DER KOBRA UND SEITLICHE BEUGE

Lege dich mit dem Bauch auf den Boden, schaue nach unten und schließe deine Beine. Führe die Handflächen vor die Schultern und stütze sie fest auf den Boden. Atme tief ein und heb deinen Oberkörper vom Boden. Bei der Ausatmung strecke deine Arme mehr. Die Ellenbogen sind nah am

Körper, der Bauch und die Beine bleiben fest mit dem Boden verbunden. Versuche die Position zu halten, während du ruhig atmest und den Kopf wie eine Schlange streckst, die gerade aus ihrem Versteck guckt. Nachdem du 20 Sekunden gehalten und 30 Sekunden geruht hast, komm auf den Knien zum Sitzen. Strecke dein rechtes Bein zur Seite und schieb den rechten Fuß fest in den Boden. Beuge nun deinen Oberkörper seitlich über das rechte Bein und stütze die rechte Hand auf deinem Oberschenkel ab. Strecke den linken Arm über dein linkes Ohr und schaue zur Hand. Halte, solange du kannst, wechsle die Seiten und ruhe dich schließlich in der Haltung des Kindes aus.

HALTUNG DES BERGABHANGS

Stell dich breitbeining auf die Matte und drehe deinen rechten Fuß 90 Grad nach außen. Beuge deinen Oberkörper nach rechts und stütze dich mit deinem rechten Unterarm auf dem Oberschenkel ab Spüre hier die Atmung. Stell dir vor, du seist ein Bergabhang und beherbergtest viele Tiere und Pflanzen. Vergiss nicht das leichte Lächeln auf dem Gesicht. Nachdem du so lange gehalten hast, wie du konntest, wechselst du die Seiten. Anschließend ruhst du dich im Stehen und mit geschlossenen Augen aus.

HALTUNG DES UMGEKEHRTEN DREIECKS

Beginne im Stehen und mache mit deinem rechten Bein einen großen Schritt nach hinten. Beuge deinen Oberkörper weit nach vorne und greife mit deiner rechten Hand den linken Fuß oder lege diese auf deinen linken Oberschenkel. Drehe deinen Körper dabei weit nach links und hebe den linken Arm Richtung Himmel. Wenn du deine Hand nicht auf deinem Fuß lassen kannst, stütze dich auf das weiter oben liegende Bein. Atme ein paar Mal ganz konzentriert und wechsle dann die Seiten.

ABWECHSELNDE ODER AUSGEGLICHENE ATMUNG

Es gibt eine sehr einfache Art und Weise, dem Verstand mithilfe der Atmung mehr Harmonie und Freude zu bringen. Setze dich auf deine Matte und kreuze die Beine, während du den Rücken gerade hältst. Führe deine rechte Handfläche zu deinem Gesicht, schließe dabei den zweiten und dritten Finger. Lege nun deinen Ringfinger auf den linken Nasenflügel und hole lange und tief durch das rechte Nasenloch Luft. Dann schließe das rechte Nasenloch mit dem Daumen, öffne das linke Nasenloch und lass die gesamte Luft aus diesem Nasenloch ausströmen. Nachdem du die Luft ausgestoßen hast, atmest du wieder durch das gleiche Nasenloch ein, hebst dann wieder den Daumen und hälst das linke Nasenloch mit dem Ringfinger zu. Fange nun wieder von vorne an und atme abwechselnd durch das eine Nasenloch aus und wieder ein, und dann durch das andere.

HALTUNG DER ERHÖHTEN AUSTER

HALTUNG DER KATZE

HALTUNG DES SCHMETTERLINGS

HALTUNG DER KOBRA UND SEITLICHE BEUGE

HALTUNG DES BERGABHANGS

HALTUNG DES UMGEKEHRTEN DREIECKS

ABWECHSELNDE ODER AUSGEGLICHENE ATMUNG

2. MEDITATIONEN UND BILDER DER DANKBARKEIT UND FREUDE

Jede Übung sollte ungefähr fünf Minuten dauern.

VISUALISIERUNG DES TIERES, DAS DICH GLÜCKLICH MACHT

Stell dir in der Mitte deiner Brust das Tier bildlich vor, das dich am meisten zum Lächeln bringt und welches dich glücklich macht. Vielleicht ist es deine Katze, ein Eichhörnchen oder ein Hundewelpe. Versuche, deine Brust mit diesem Bild zu füllen und habe, wie bei den Haltungen, ein leichtes Lächeln auf deinem Gesicht.

WIEDERHOLUNG DER DANKBARKEITSMANTRAS

Konzentriere dich in der Meditationshaltung auf deine natürliche Atmung, verfolge ihren Verlauf ganz aufmerksam. Mantras sind Sätze, die eine besondere geistige Kraft haben. Deswegen wiederhole bei jeder Ausatmung eines dieser Mantras abwechselnd. Wenn du beim letzten ankommst, fängst du von vorne an:

1. ***Danke für mein Zuhause und all die Dinge, die es darin gibt.***
2. ***Danke für die Menschen, die mich lieben und auf mich aufpassen.***
3. ***Danke für die Erde, die mir Leben schenkt und mich mit Nahrung versorgt.***

Visualisiere beim ersten Satz dein Zuhause, beim zweiten die Menschen und beim dritten den Planeten und die Natur mit der Sonne, dem Wasser, den Wäldern und den Früchten.

EIN MANTRA SINGEN

Klang ist sehr wirksam, um ärgerliche oder traurige Zustände zu bekämpfen, er hebt unsere positive Energie und hinterlässt uns mit einem Gefühl der Freude und des Glücks. Mit voller Aufmerksamkeit zu singen, erhöht unsere Fröhlichkeitsreserven. Suche dir zunächst das Mantra aus, das dir am besten gefällt; deine Eltern können dir natürlich dabei helfen. Mein Lieblingsmantra ist das *Sarvesham Svastir Bhavatu*, das von Tina Turner und dreißig Kindern aus verschiedenen Kulturen und Ländern gesungen wird. Eine Empfehlung: Kreiere deine eigene Yoga-Choreographie für das Mantra!

3. AKTIVITÄTEN UND SPIELE, UM FRÖHLICHER UND DANKBARER ZU SEIN

Wenn wir helfen und anderen Wesen etwas Gutes tun, fühlen wir uns nützlich und gut. Wir können uns dafür glücklich schätzen, dass wir Geschenke von der Natur erhalten, ohne dass sie uns um etwas im Gegenzug bittet. Nun ist es an der Zeit, dass wir etwas von dem Guten zurückgeben, das die Mutter Erde uns gibt. Wenn du gibst, empfängst du viel.

- *Wie wäre es zum Beispiel ein buntes Vogelnest aus Kisten zu bauen oder Futtertröge aufzustellen? Im Winter haben unsere städtischen und ländlichen Vögel weniger Nahrung. Mit recyceltem Material kannst du einen kleinen Futtertrog bauen und ihn mit Samen füllen. Du kannst ihn in einem Park oder auf dem Land an den Ast eines Baumes hängen oder ihn auf deine Terrasse stellen. Im Sommer kannst du Trinkschalen mit Wasser auf der Terrasse oder dem Balkon verteilen. Wenn es dir Freude bereitet, kannst du auch im Frühling Vogelnester bauen, damit die nächste Vogelgeneration darin geboren werden kann.*

- *Richtig Spaß macht es auch Blumen auszusähen - wo und wie oft du kannst. Zum Beispiel: Margeriten, Lavendel, Zinnien, Oregano, Melisse oder Ringelblumen. Das hilft den Bienen und so auch uns, denn ohne Bienen können das Gemüse und die Früchte, die wir als Nahrungsmittel brauchen, nicht bestäubt werden.*

KAPITEL 6

Der schönste und mutigste Blick der wilden Natur

Der Morgen war längst vorbei; es war wahrscheinlich der fantastischste und magischste Vormittag im Leben unserer abenteuerlustigen Kinder gewesen. Nachdem sie ihre Sandwiches gegessen und ihre Rucksäcke wieder gepackt hatten, standen Sara, Carmen, Marco und Leo auf und verließen den Pinienwald, um ihr Abenteuer fortzusetzen.

Der Wanderweg führte eine leichte Steigung hinauf in einen Buchenwald, in dem es immer auch ein paar Eichen gab. Hier konnte man funkelnde Stechpalmen mit ihren roten Kügelchen sehen.

Es ist eigentlich unmöglich, eine Buche einige Sekunden lang zu betrachten, ohne hypnotisiert zu sein – so konnten auch die Kinder sich nicht der Faszination des Baumes entziehen.

Es gab einige Lichtungen im Buchenwald, auch einige Flächen, die steiniger und unebener waren. Vom unteren Teil des Abhangs konnte man die Geräusche eines Bachs vernehmen.

Sie waren keine zwanzig Minuten durch den Wald gelaufen, als sie bemerkten, wie eine weitere kleine Nebelwolke näher kam. Allerdings war es ein viel dünnerer Nebel als der am Morgen, durch den sie diesmal hindurchsehen und mit dem sie weitergehen konnten. Er verlieh dem Wald eine geheimnisvollere Schönheit, er war wie Tüll oder feine Seide, die die Bewohner bedeckte und sie miteinander verband.

Es kam ihnen so vor, als wären sie inmitten eines Kapitels von Harry Potter gelandet, wo sich tausendundein Mysterium und magische Abenteuer in einer ähnlichen Landschaft abspielten. In der Stille des Ortes, die nur von den kindlichen Schritten durch das Buchenlaub durchbrochen war, hörten sie plötzlich ein faszinierendes und unglaubliches Geräusch: Ein schrilles und langes Wolfsgeheul.

Sie erstarrten und standen da, festgefroren wie Eisblöcke. So konnten sie nun ein zweites Heulen vernehmen, das wie eine Antwort auf das erste aus größerer Entfernung kam. Dann kam weiteres Geheul dazu, in einem Chor, der die Kinder erschrak und gleichsam fesselte. Sie sahen einander an und teilten diesen Moment als eine der wundervollsten Erfahrungen ihres Lebens. Endlich sprach Marco:

„Ich kann es nicht glauben, das sind Wölfe, da gibt es keinen Zweifel. Merkt ihr eigentlich, wie viel Glück wir haben? Es ist unglaublich, dass wir sie hören können! Es scheint so, als ob sie ganz nah sind."

Marco konnte sich gut daran erinnern, dass ihm sein Großvater Videos von Wöfen gezeigt hatte. Er hatte es geliebt, Zeit mit seinem Großvater zu verbringen und seinen Erzählungen zu folgen. Er interessierte sich insbesondere für Wölfe und übertrug seine Leidenschaft an seinen Enkel. Wenn es etwas gab, das Marco zutiefst berührte, seit sein Großvater vor drei Jahren gestorben war, dann war es, Nachrichten über den Wolf zu lesen. Wahrscheinlich symbolisierte die Leidenschaft zu dem Tier Marcos enge Beziehung und seine Liebe zu seinem Großvater.

„Aber es gab doch eigentlich keine Wölfe mehr in dieser Gegend?", gab Sara zu bedenken.

„Es kann sein, dass sie aus einer anderen Gegend durch die Berge hierherkommen", antwortete Marco.

„Auf jeden Fall ist es Wahnsinn, sie zu hören, auch wenn das Geräusch einem ganz schön Angst machen kann", bemerkte Carmen.

Der Wolfs Chor hielt inne, und die Zuhörer warteten gespannt. Sie konnten nicht glauben, was gerade passiert war. Die Kinder spürten, dass sie gerade Teil eines ganz besonderen Momentes geworden waren und waren stolz und glücklich dieses neue Geheimnis der Natur zu kennen. Sie erlebten gerade etwas, das eigentlich nur in Filmen geschah. In der Stille, die das Mysterium noch größer machte, entschieden sie sich, ihre Wanderung durch den feinen Nebel fortzusetzen. Leo und die Mädchen wollten mehr über den Protagonisten dieses legendären Gesangs wissen und baten Marco, ihnen alle Details über den Wolf zu erzählen.

„Also", begann er und machte eine ernste Pause. „Der Wolf ist ein sehr altes Tier, wahrscheinlich der Urgroßvater aller Hunde, auch wenn er in vielen Aspekten ganz anders ist als sie. Der Wolf ist ein Fleischfresser und gleichzeitig das höchste Raubtier. Ihr habt heute bereits ein Raubtier kennengelernt, den Fuchs. Auch wenn er sich von Früchten und allen möglichen Essensresten ernährt, jagt der Fuchs eigentlich meistens andere Tiere als Beute. Das ist seine Natur und sein Überleben hängt davon ab. Aber er kann gleichzeitig auch Opfer eines größeren Fleischfressers werden, wie zum Beispiel des Wolfes. Der Wolf dagegen hat in der Natur keinen anderen Rivalen. Genau wie die Bären und die Tiger steht er an der Spitze der Nahrungskette.

In einem Ökosystem wie unseren Wäldern und Bergen, ist ihr Überleben stark an die Existenz der anderen Lebewesen gebunden. Das heißt wiederum, dass die Rolle, die der Wolf und die anderen fleischfressenden Raubtiere spielen, notwendig ist, um das Gleichgewicht herzustellen, von dem unser Hirsch sprach.

Die von den Bienen bestäubten Pflanzen können Früchte geben und sich fortpflanzen, um den Pflanzenfressern als Nahrung zu dienen. Die wiederum dienen den ersten Fleischfressern als Nahrungsmittel und so weiter, bis zu den größten Raubtieren. Aber was wäre, wenn der Wolf auf einmal verschwindet – so, wie es in vielen unserer Gebiete bereits passiert ist, weil der Mensch seine wichtige Rolle in der Natur vergisst? Es würde genau das passieren, was im Yellowstone-Nationalpark passiert ist, als der Wolf für Jahrzehnte verschwand: Da sie keiner mehr jagte, konnte die Anzahl der Hirsche stark wachsen, was wiederum dazu führte, dass die natürliche Vegetation ziemlich zerstört wurde. Viele Pflanzenarten verschwanden und sogar einige Bäume. Viele kleine Pflanzenarten wurden gefressen und so der Lebensraum anderer Tierarten zerstört.

Als es wieder graue Wölfe im Park gab, fingen diese an Hirsche zu jagen, denn sie waren einfache Beute für sie. Das interessanteste aber war die Veränderung, die es im Verhalten dieser Hirsche gab. Verängstigt vom neuen Raubtier, hielten sie sich weniger in ungeschützten Gebieten auf, wie in den Tälern, und so fing die natürliche Vegetation an, sich dort zu regenerieren. An einigen Orten hat sich die Höhe der Bäume auf ein Fünffaches erhöht.

Die Flussufer, die in diesem Moment fast baumlos waren, füllten sich bald mit Weiden und Pappeln. Mit den Bäumen kamen viele Vögel, die man vorher gar nicht dort gesehen hatte. Es erschienen auch einige Biber, die gern an Bäumen nagen und große Staudämme bauen, die den Verlauf der Flüsse verändern. Und das alles nur, weil die Wölfe die Hirsche aus den Tälern verjagt hatten. Aber es geht noch weiter: Die Staudämme der Biber wurden das Zuhause von Fischen, Amphibien, Reptilien und Säugetieren wie dem Fischotter.

Die aasfressenden Tiere profitierten von den Tierresten, die von den Wölfen hinterlassen wurden, und die Bären erfreuten sich außer an den Tierresten nun auch an vielen mit Früchten und Beeren gefüllten Sträuchern. So schafften es die wenigen Wölfe wieder Gleichgewicht bei Flora (Pflanzenwelt) und Fauna (Tierwelt) herzustellen."

„Wahnsinn, ich hätte nie gedacht, dass er so eine wichtige Rolle spielt", bemerkte Sara. „Es ist klar, dass wir so ein Tier nicht verlieren dürfen, mal ganz davon abgesehen, dass es wunderschön ist. Erzähl uns mehr vom Wolf."

Man musste nicht lange nachhaken, um Marco dazu zu bringen, von seinem Lieblingsthema zu erzählen, also fuhr er fort:

„Der Wolf hat ein Fell in erdfarbenen, braunen und rötlichen Tönen, er hat einen vertikalen, schwarzen Streifen im Fell, an den Vorderläufen und am Schwanz sowie weiße Flecken um den Mund. Er hat einen der stärksten Kiefer der ganzen Tierwelt, den er braucht um seine Beute zu jagen und sie zu zerfleischen. Unter guten Bedingungen lebt er höchstens 15 Jahre.

Unsere Wölfe teilen mit den anderen Wolfsarten unserer Erde ein wichtiges Merkmal: ihre Augen. Diese mandelförmigen Augen mit dem alles durchdringenden und tiefen Blick, die dich beobachten und dein Inneres zu lesen scheinen. Wenn ein Wolf dich direkt anschaut, bist du hypnotisiert und kannst nicht aufhören, ihn anzuschauen, bis er wegschaut.

Dank ihres hochentwickelten Gehirns sind Wölfe extrem intelligente Tiere, was sie zu exzellenten Jagdstrategen macht. Sie organisieren sich in Rudeln oder sozialen familiären Gruppen, in der jeder Wolf eine fundamentale Rolle spielt und eine bestimmte Machtposition besitzt.

Die Welpen sind wunderhübsch. Ihre Eltern bauen ihnen eine unterirdische Wolfshöhle und nutzen dafür Lücken zwischen den Felsen. Nach der Schwangerschaft bringt die Alpha-Wölfin zwischen drei bis acht Welpen zur Welt und stillt sie einen Monat lang. Danach füttern die anderen Rudelmitglieder die Welpen instinktiv mit, da sie sich als Familie gegenseitig helfen. Der Zusammenschluss ist ihre Stärke. Während der Jagd hat jedes Rudeltier eine bestimmte Rolle. Einige von ihnen kreisen die Beute ein, die anderen locken sie an einen Ort, wo es einfacher ist, zu jagen, und die letzten verstecken sich, um die Beute zu überraschen. Das ist einfach faszinierend, findet ihr nicht?"

„Ich merke schon, dass du alle Dokus gesehen hast, die es über Wölfe gibt", antwortete Sara lachend.

„Ja, aber ich würde alles geben, um sie einmal in echt zu sehen", erwiderte Marco. „Unser Opa hatte sie viele Male gesehen, als er ein junger Schäfer und Viehhirte war. Die Hirten lebten mit den Wölfen in einer gewissen Harmonie; nicht wie jetzt, wo sie vom Aussterben bedroht sind. Er erzählte uns, wie sie die Kühe mehrere Tage durch die Berge Richtung Süden brachten, damit sie andere Weiden abgrasen konnten. Dort konnte man manchmal sehen, wie die Wölfe sie ausspähten. Aber natürlich hatten sie Bulldoggen bei sich, diese großen Hunde, die darauf spezialisiert sind, das Vieh zu beschützen, und auch die Viehhirten waren immer sehr aufmerksam. Dennoch gab es manchmal einen Angriff und auch ein paar Verluste. Aber mein Opa erzählte mir, dass sie den Wolf deshalb nicht hassten; sie akzeptierten dies einfach als Lebensgesetz. Der Wolf hat wie jedes andere Tier ein Recht darauf, sich zu ernähren."

Marco machte eine Pause – all sein Wissen über den Wolf vermischte sich mit Gefühlen, die ganz tief aus seiner Seele rührten. Er erzählte begeistert vom Wolf, sein Blick verlor sich dabei und es war so, als ob er das prächtige Tier ganz deutlich vor seinem inneren Auge sah. Seine Leidenschaft für den Wolf war so groß, dass er seine Freunde damit ansteckte. Auch sie waren nun in Gedanken ganz und gar bei dem großen, sagenumwobenen Raubtier.

Mit einem Mal hörten sie sanfte Geräusche, wie leichte Schritte auf dem Laub, die aus allen Richtungen gleichzeitig zu kommen schienen. Die Kinder schauten erschreckt um sich. Der Nebel beschränkte noch immer die Sicht durch den Buchenwald und man musste sich anstrengen, um weiter als fünf Meter schauen zu können. Während sie weiter nach den Urhebern der Geräusche suchten, wurden sie Zeugen der schaurigsten Szene ihres jungen Lebens.

Hinter großen Buchen, die in einem Halbkreis wuchsen, näherten sich vier große Wölfe, die sich perfekt getarnt und versteckt hatten, bis sie den Kindern ganz nahe gekommen waren. Sie näherten sich fast schwebend, lauerten und hefteten ihre honigfarbenen Augen auf die Pupillen der Kinder, die sich gegenseitig instinktiv den Rücken zugekehrt hatten, um diesem scheinbar bedrohlichen Vormarsch die Stirn zu bieten.

Als nur noch zwei Meter zwischen der Freundesgruppe und den Wölfen blieben, wandten sich drei der Wölfe ab und liefen in andere Richtungen. Der vierte Wolf aber blieb unbeweglich vor Marco stehen und sah ihn ohne zu blinzeln an.

Marco konnte nicht fassen, was er gerade erlebte: eine echte Begegnung mit dem Hüter des Mondes, mit dem machtvollsten Tier der Berge, das seit der Antike so viele Legenden, Ängste, Hass und Leidenschaft hervorgebracht hatte. Das Symbol der Freiheit, der Stärke der wilden Natur, die nicht nachgibt. Das Tier, das für Loyalität

und Zusammenhalt steht. Der Freund der Nacht, dessen Geheul das Lieblingswiegenlied des Waldes war, schaute Marco nun direkt an. Man hätte sagen können, dass sie schweigend miteinander kommunizierten, nur durch ihre dunklen Pupillen. Es schien so, als ob das hundeähnliche Tier in diesem Fenster zwischen den Wimpern die ganze Liebe entziffern konnte, die das Kind für ihre Spezies empfand. Gleichzeitig konnte der junge und bedingungslose Bewunderer in den Augen des Tieres das ganze Leid lesen, das die Menschen den Wölfen seit Jahrhunderten antaten. Er spürte, wie die Erde ihre Schöpfung durch die Augen des Wolfes betrachtete.

Nach diesen faszinierenden Augenblicken, die wie eine Ewigkeit erschienen, setzte der Wolf seine Hinterbeine auf den Boden und fing an, zu Marco zu sprechen:

„Nobler Freund und Verteidiger meiner Spezies, du hast mich überrascht mit all den Dingen, die du über uns Wolfsgeschwister weißt. Schaut mal, man hat mich gebeten, euch von Angst und Kraft zu erzählen, aber ich glaube, ihr möchtet erst einmal mehr über mich wissen, richtig?“, fragte der Wolf und wandte sich an die Mädchen und den kleinen Leo.

Carmen antwortete als Erste:

„Auf jeden Fall! Ich verstehe nicht ganz, wie es euch zurzeit in unserem Land ergeht. Ich würde gerne wissen, wieso ihr so viel weniger geworden seid und immer weiter verschwindet.“

„Um ehrlich zu sein ist die Antwort auf deine Frage Angst“, begann der Wolf. „Die Menschen tendieren dazu, vor dem Angst zu haben, was sie nicht kennen. Wenn sie tief in sich hinein horchen würden, würden sie die Wahrheit finden: Jedes Lebewesen auf dieser Erde erfüllt einen wichtigen Zweck. Die Existenz und das Glück jedes Einzelnen ist für das harmonische Leben aller anderen fundamental wichtig. Wenn der Mensch das verstünde, würde keine Spezies ausgerottet; der Mensch würde seine Verbindung zum restlichen Planeten verstehen und wissen, dass etwas in ihm stirbt, wenn ein Tier stirbt. Wir wurden nur deshalb unermüdlich verfolgt, weil wir, genau wie jeder auf diesem Planeten, am Leben bleiben wollen und dafür essen und jagen müssen. Das ist unsere Natur. Der Mensch hat unser Ökosystem ins Ungleichgewicht gebracht Es gibt viele Interessen: das Geschäft des Jagens, das einfach nicht aufhört, weil viele nicht verstehen, dass das Töten von Tieren, die einem nicht wehtun, nichts mit Vergnügen zu tun hat. Die Viehzüchter, die ihre Herden nicht mehr mit Hunden beschützen und oft nicht einmal mehr selbst anwesend sind, wundern sich, dass wir ab und zu mal eines ihrer Tiere erbeuten. Wisst ihr, wann wir das Vieh am ehesten angreifen? Wenn die Viehzüchter eines unserer Rudeltiere getötet haben. Ich erkläre euch das mal genauer: Wir jagen eigentlich lieber wilde Tiere wie Hirsche oder Wildschweine. Das ist, wie ihr bereits wisst, auch notwendig, um die Nahrungskette zu regulieren. Außerdem bevorzugen wir es, gleiche Bedingungen der Jagd aufrechtzuerhalten: Unsere Beute ist normalerweise genauso frei wie wir und deshalb können wir unsere ganzen Jagdkapazitäten ausnutzen, mit Fallen und langem Wettrennen. Das alles können wir nur machen, wenn das Rudel vollständig ist, denn jeder Wolf hat eine Funktion innerhalb der Angriffsstrategie, die letztendlich zum Erfolg führt. Wenn man allerdings zwei oder drei von uns umbringt, erzielen wir beim Jagen von Hirschen oder anderen freien Tieren nicht mehr die gleichen Erfolge, weshalb wir auf das leichter zu erbeutende Vieh zurückgreifen. Im Gegensatz zu dem, was allgemein angenommen wird, führt die Jagd auf uns zum Schutz des Viehs nur zu noch mehr Viehverlust. Nur wenige haben wirkliches Interesse daran, Lösungen zu finden. Jeder Teil möchte recht behalten, hat nur seine eigenen Interessen und Geld im Sinn. Eure Erwachsenen denken, Geld sei die Lösung für alles und es würde sie glücklich machen. Wann werden sie endlich aufwachen und das gemeinschaftliche Interesse erkennen, dass wir uns alle gegenseitig unterstützen müssen?

Nun gut, dies alles führt dazu, dass unsere Spezies verschwinden könnte, wegen dem Hass und der Angst des einzigen großen Raubtieres, das vergessen hat, wer seine Mutter und seine Geschwister sind: der Mensch. Aber es gibt noch Hoffnung! Sie liegt in euch, denn ihr Kinder von heute werdet morgen diejenigen sein, die uns und euch selbst mit einem besseren Verständnis helfen können. Deshalb erzähle ich euch jetzt von der Angst und wie ihr sie mit ihren Gegensätzen, Mut und Vertrauen, besiegen könnt.

Im Grunde beschützt und hilft uns die Angst. Sie ist ein Werkzeug unseres Gehirns, das unseren Körper koordiniert, um gut zu funktionieren und Hindernissen oder Bedrohungen besser zu begegnen. Aber die mentale oder psychologische Angst ist anders. Das ist diejenige, die Furcht durch das Denken steigert, obwohl es dafür meistens keinen realen Anlass gibt. Es bewirkt, dass du dir schlimme Dinge vorstellst, die passieren könnten, die dir Unwohl bereiten und dein Verhalten verändern. Es lässt dich ganz angespannt werden und blockiert dich; es kann dich auch traurig machen. Wir Tiere haben diese zweite Form der Angst nicht. Einige Beispiele für diese Art von Ängsten, die euch bekannt sind, wären folgende:

- *Ich habe Angst davor, den anderen nicht zu gefallen, oder davor, was man über mich sagen könnte.*

- *Ich habe Angst vor einem Kind, das mich in der Schule bedroht hat. Es könnte mir etwas Böses antun.*

- *Ich habe Angst, , dass ich die Klasse nicht bestehen könnte und dann Ärger von meinen Eltern bekomme.*

- *Ich habe Angst davor, dass meine Eltern sich trennen und davor, dass ich daran schuld sein könnte.*

Stimmt es, dass ihr diese Situationen von euch selbst oder euren Freunden kennt?“

Der Wolf hielt inne, während die Kinder nickten. „Nun, all diese Ängste entstehen, weil wir noch mehr an dem arbeiten müssen, was ich die fünf Hauptschlüssel zur Beseitigung der Angst nenne. Möchtet ihr echte, starke und mutige Kriegerinnen und Krieger sein? Hier sind eure Waffen, die alle miteinander verbunden sind:

1. **Suche dir Hilfe, um Probleme zu lösen.** Wenn es ein Problem gibt, ist es das Beste, ihm zu begegnen. Dafür braucht es Werkzeug und Fähigkeiten. Das Grundlegendste ist, um Hilfe zu bitten: Manchmal können wir die Probleme nicht alleine lösen. Wenn dich in der Schule zum Beispiel jemand ärgert, sprich mit deinen Eltern oder den Lehrern. Dafür musst du an deiner Kommunikation arbeiten. Es passiert nichts Schlimmes, wenn du erzählst, wie du dich fühlst und was dich mitnimmt. Du wirst damit die Last los, es allein für dich zu behalten. Nur so können andere Menschen dir dabei helfen, das Problem zu lösen und dein Unwohlsein zu beenden.

2. **Arbeite jeden Tag an deiner Selbstwahrnehmung.** Verbessere dein Selbstbewusstsein. Das ist das Bild, das du von dir selbst hast. Du bist stark und kannst das schaffen, was du dir vornimmst. In dir befinden sich alle Möglichkeiten, Mittel und Vorteile – du glaubst es nur nicht. Manchmal siehst du sie nicht und denkst ganz im Gegenteil, dass du schwach wärst, hässlich, dass dir dieses oder jenes fehle, dass du an etwas schuld seist usw. So nährst du nur das falsche Bild, das du von dir selbst hast und lässt keinen Raum dafür, dass die Wahrheit ans Licht kommt. Du hast die Macht, du kannst jede Hürde überwinden und von diesem Prozess lernen. Du bist das wichtigste Wesen deines Lebens und deshalb kann es dich nicht berühren, was andere über dich denken oder sagen. Du weißt doch schon, dass du perfekt bist, voller Intelligenz und wunderbarer Qualitäten! (Ohne damit in Selbstverliebtheit oder Abwertung anderer zu verfallen). Ich werde dir in einem Pergament Werkzeuge geben, mit denen du dein Selbstvertrauen steigern und deine innere Kraft wecken kannst. Lerne loyal zu dir selbst zu sein. Sag ‚Nein' zu dem, was dir nicht gefällt, oder zu dem, was du nicht machen willst, wenn du glaubst, dass es dir nichts bringt.

3. **Reduziere deine Erwartungen oder den Anspruch, alles perfekt zu machen.** Kontrolliere die Notwendigkeit, Komplimente einzuheimsen oder allen zu gefallen. Wenn du keine Eins bekommst oder etwas nicht so hervorragend wird, wie du es dir gewünscht hast, bist du frustriert und die Angst kommt zum Vorschein. Du kannst lernen glücklich mit dem zu sein, was du gut gemacht hast, nicht perfekt: Perfektion gibt es nicht – die Natur ist schön wegen ihrer Unvollkommenheit. Häng die Latte der Erwartungen etwas tiefer und lerne mit Enttäuschungen und Versagen umzugehen, denn wenn du immer das Beste von dir selbst erwartest, wirst du immer angespannt sein. Gestehe dir Fehler ein und akzeptiere sie mit Bescheidenheit. Sag nicht immer nur ‚Ja', um allen zu gefallen.

4. **Konzentriere dich auf die Gegenwart und auf echte Fakten** und unterscheide sie von erfundenen und mechanischen Gedanken, von denen du weißt, dass sie viele Ängste hervorrufen können. Meine Freunde haben dir bereits Techniken beigebracht, um dich besser zu konzentrieren und deinen Verstand besser zu beobachten. Wenn du deine negativen Gedanken von deinem Zetrum aus wie einen erfundenen Gedanken beobachtest, dann endet er automatisch. Die Realität bist du selbst, der alles beobachtet, während es passiert. So werden deine Gedanken dich nicht festhalten, und wenn sie es täten, könntest du sofort wieder zur Position des beobachtenden Zeugen zurückkehren. Weil du es also nicht glaubst, haben die Gedanken es nicht geschafft, Gefühle wie Angst in dir hervorzurufen – oder sie hatten zumindest keine Zeit, allzu groß zu werden. Diese Übung wird dir dabei helfen, dich im Alltag den Dingen zu widmen, die sich lösen lassen. Den Ängsten schenkst du dadurch weniger Aufmerksamkeit oder kehrst zur Gegenwart zurück, wenn du sie bemerkst.

5. **Gewinne Vertrauen ins Leben.** Hier geht es um eine offenere Haltung, indem wir verstehen, dass wir nicht alle Dinge oder das Verhalten um uns herum kontrollieren können. Es wird das geschehen, was angebracht ist, wir müssen nichts aus dem Weg gehen. Denk daran, dass die Natur und ihre Weisheit uns das bringen werden, was wir in jedem Moment brauchen. Auch wenn wir dies manchmal nicht sehen – es gibt immer einen Grund. Vertraue darauf, es hängt nicht von dir ab. Im Leben gibt es gute und weniger gute Momente, es ist fließend. Dinge, die schwierig sind oder die uns nicht gefallen. Aber auch sie sind Teil des Lebens, wie der Baumstamm, der umfällt, oder das Tier, das krank wird. Vielleicht denkst du zunächst, dass diese Dinge lieber nicht geschehen sollten. Aber dann merkst du, dass du durch die Erfahrung geduldiger, empathischer oder stärker geworden bist und etwas Wichtiges gelernt hast.“

„Ich finde diese fünf Schlüssel toll. Sie sind wirklich sehr weise, Herr Wolf“, sagte Carmen.

„Danke“, antwortete der Wolf. „Nun muss ich mit dem Rest meines Rudels davongehen. Ich überreiche dir, Marco, das Pergament der Wölfe, da du ein starker und mutiger innerer Krieger bist, der keine Angst hat. A-uuuuuuuuuuuuuuuuuuuu!“

Nach diesem beeindruckenden Geheul verschwand der Wolf mit den Seinen zwischen dem Nebel und die Kinder öffneten das letzte ihrer Pergamente, um es zu lesen.

WIE WIR MUT UND VERTRAUEN GEWINNEN UND LERNEN, OHNE ANGST ZU LEBEN

1. YOGA-HALTUNGEN, DIE DER INNEREN KRAFT UND DEM SELBSTVERTRAUEN DIENEN

HALTUNG DES KRIEGERS (II)

Mit dieser Haltung weckst du die Kriegerin oder den Krieger in dir. Ein Krieger ist jemand, der mit seinem Wissen und seiner Stärke jede Situation gut meistert. Fühle dich imstande, deine Hindernisse zu überwinden. Komm in eine Grätsche und drehe deinen rechten Fuß 90 Grad nach außen. Beuge dein rechtes Knie tief, bis ein rechter Winkel entsteht. Hebe deine Arme auf Schulterhöhe und blicke über deine rechten Finger in den Raum. Strecke die Arme zu beiden Seiten aus und schaue nach rechts. Bleibe in dieser starken Haltung so lange, wie du kannst, während du tief atmest und dich daran erinnerst, dass du um den gerechtesten aller Zwecke kämpfst: in Frieden zu sein. Wenn du müde wirst, wechsle die Seiten.

HALTUNG DER GEBOGENEN BRÜCKE

Diese Haltung baust du wie eine solide und stabile Steinbrücke auf. Konzentriere dich auf dein starkes Fundament, dein Wissen, deine Fähigkeiten und Stärken. All das, was dich ärgert oder was du nicht ändern kannst, lässt du hinter dir. Leg dich auf den Boden, stelle deine Füße hüftbreit nah an deine Sitzknochen auf. Bringe deine Hände schulterbreit neben die Ohren, die Finger zeigen zum Körper und die Ellenbogen zu Decke. Atme ein und schiebe mit Händen und Füßen deinen gesamten Körper nach oben und strecke Arme und Beine, bis zu einen runden Bogen bildest. Halte, solange du kannst, bringe dann dein Kinn zur Brust, komme vorsichtig runter, ruhe dich aus und wiederhole die Übung. Es ist eine Haltung, die dir viel körperliche und psychische Stärke geben wird.

HALTUNG DES SCHIFFES

Sei wie ein großes, mächtiges Schiff, das durch die Gewässer des Lebens gleitet. Auch wenn Herausforderungen und Stürme aufkommen, trotzt du diesen wie ein starker Seemann auf einem unzerstörbaren Schiff. Beginne im Sitzen, mit gekreuzten Beinen und aufgestellten Füßen. Lehne deinen Rücken etwas nach hinten, während du ihn trotzdem gerade hältst. Strecke nun die Beine langsam in die Luft, sodass noch deine Pobacken den Boden berühren. Strecke deine Arme auf der Höhe der Brust nach vorne, parallel zu deinen Beinen. So formst du ein weit geöffnetes „V", das die Form eines Schiffes hat. Spüre deine gesamte innere Kraft im Bereich der Bauchmuskeln. Halte, indem du regelmäßig weiteratmest. Entspanne dich danach, indem du dich auf den Boden legst.

UMGEKEHRTE HALTUNG ODER HALTUNG DER LEBENSKRAFT

Diese Haltung ist hervorragend, um dich mit Lebenskraft zu füllen und dein Selbstbewusstsein zu stärken. Lege dich mit dem Rücken auf die Matte. Strecke mit einem kleinen Impuls deine Beine, deinen Po und deinen unteren Rücken Richtung Himmel. Stütze dabei deine Oberarme auf und halte deine Hüften mit den Handflächen. Hebe deine Hüften zum Himmel und lehne deine Beine dann schließlich etwas nach hinten. Halte mindestens für sechs Atemzüge, löse auf und wiederhole die Übung nach einer Pause.

HALTUNG DES KRIEGERS (III)

Für Kriegerinnen und Krieger des Verstandes und Herzens wie dich, gibt es nichts Besseres als diese Haltung, die wegen der Balance eine kleine Herausforderung ist. Es erfordert Mut und Durchhaltevermögen. Aber wenn du dir deiner Selbst sicher bist und deine innere Kraft entdecken willst, dann ist es genau das Richtige. Im Stehen, mit geschlossenen Beinen, nach oben gestreckten Armen und ineinander verschränkten Fingern, beuge deinen Oberkörper bis zu 90 Grad nach vorne. Konzentriere dich auf dein starkes Bein, das mit dem Boden verwurzelt ist, und hebe das andere Bein in die Luft, bis es mit deinem Rücken auf einer Linie ist. Halte dies, ohne aufzugeben, und atme weiter. Wechsle dann das Bein.

HALTUNG DES KRIEGERS (II)

HALTUNG DER GEBOGENEN BRÜCKE

HALTUNG DES SCHIFFES

HALTUNG DES KRIEGERS (III)

UMGEKEHRTE HALTUNG ODER HALTUNG DER LEBENSKRAFT

MEDITATION

2. MEDITATIONEN, UM INNERE STÄRKE UND VERTRAUEN ZU STEIGERN

Jede Übung sollte ungefähr fünf Minuten dauern.

MEDITATION MIT DEM MANTRA „ICH BIN STARK, ICH VERTRAUE“

Setz dich in einen Meditationssitz. Beobachte deinen Atem aufmerksam und wiederhole bei jedem Einatmen „ich bin stark“. Spüre dabei, dass du die Macht hast, jeder Situation entgegenzutreten. Während du ausatmest, wiederholst du „ich vertraue“ und fühlst, dass alles gut ist, wie es ist, und dass du ruhig und froh bist.

MEDITATION DER GEGENWART

Setze dich in einen Meditationssitz, sei ganz aufmerksam und mit der Gegenwart verwurzelt. Betrachte, ohne etwas als gut oder schlecht zu bewerten, das Äußere und das Innere, die Geräusche, die Gerüche, die Empfindungen in deinem Körper und deine Gedanken. Beobachtete die Dinge, die du Sekunde für Sekunden wahrnimmst. Schreite nicht ein, lerne nur, in allem die Veränderung zu sehen, den Anfang und das Ende: Reize, Empfindungen und geistige Prozesse wie Gefühle oder Gedanken. Bilde dir keine Meinung, tauche in den Fluss des Lebens ein, das sich vor deinem inneren Auge abspielt. Meditieren ist ein Spiel. Wenn du bemerkst, dass deine Gedanken wieder anfangen, dich zu beherrschen und aus der Beobachterrolle zu ziehen, kehre fröhlich wieder zu deiner stillen und ruhigen Rolle zurück. In der Gegenwart ist alles gut.

VISUALISIERUNG DES INNEREN FEUERS ODER DER INNEREN MACHT

Stell dir eine glühende Sonne in der Mitte deines Bauchnabels vor. Spüre, wie sie dich mit Energie, Kraft und Mut füllt. Dein inneres Feuer kann alles.

ANDERE RATSCHLÄGE

Versuche die Dinge immer auf eine neue Art und Weise zu machen: Erledige neue Aufgaben im Haushalt oder stell die Dinge in deinem Zimmer um. Fahre neue Wege mit dem Rad, unternimm etwas mit neuen Freundinnen und Freunden. Lerne etwas, was du gerne alleine machst. Mache irgendeine Aktivität, die du vorher noch nicht gemacht hast wie z.B. schreiben, töpfern, singen oder tanzen. Rufe mit deinen Freundinnen und Freunden ein neues Umweltprojekt ins Leben. Wie wäre es mit einem Umwelt-Ferienlager oder einem Schüleraustausch um neue Sprachen zu lernen? Wenn du regelmäßig aus deiner Komfortzone ausbrichst, wirst du nicht mehr so viel Angst vor neuen Dingen haben.

KAPITEL 7

Der Fluss und die Walddame

Wie durch Zauberhand verschwand der Nebel gleichzeitig mit dem Wolfsrudel und die Kinder konnten ihren Weg wiederaufnehmen. Sie waren tief bewegt und nachdenklich, denn es schien so, als ob sie zum ersten Mal begriffen, dass es tatsächlich eine wichtige Verbindung zwischen ihnen und dem Wald gab. Sie freuten sich schon darauf, ihren Freunden in der Schule von ihren Erlebnissen zu erzählen und sich gemeinsam Ideen zum Schutz und zur Erhaltung der Natur zu überlegen.

Der Wald war jetzt besonders prachtvoll. Gerade durchquerte die Gruppe einen sehr alten Teil des Waldes, in dem es riesige, mit Moos bewachsene Bäume gab, die sich gegenseitig in ihren komplexen und gewundenen Formen übertrafen.

Carmen war von den Buchen bezaubert und ganz und gar eingenommen. Noch nie hatte sie eine solche liebevolle Zuneigung für ein pflanzliches Wesen empfunden. Wenn sie sich den Bäumen näherte, empfand sie nun die gleiche Zärtlichkeit für sie, wie für ihren Hund oder ihre Katze. Sie stellte sich das Leben vor, das diese Bäume beherbergten. Sie spürte, wie dank dieser Bäume Insekten, Amphibien, Nagetiere, Vögel und viele mehr leben und essen können, Unterschlupf finden und den Schatten genießen. Ebenso stellte sie sich vor, wie Hirsche, Wildschweine und Wölfe sich an ihrer Rinde kratzen und sich zum Jagen oder um sich zu schützen hinter ihren Stämmen verstecken konnten.

Sie spürte intuitiv, ohne es irgendwo zuvor gelesen zu haben, dass die Buchen den perfekten Grad an Feuchtigkeit im Wald beibehalten konnten, da sie von allen Bäumen am besten dazu befähigt waren, das knappe Wasser im Boden zu speichern. Die Buchen konnten auch riesige Mengen an Sauerstoff produzieren. Ohne Wasser und Sauerstoff konnte der Rest der Tiere nicht leben. Außer den Tieren als Nahrung zu dienen, war die Welt der Bäume und Pflanzen auch dafür verantwortlich, die Atmosphäre zu erhalten. Carmen konnte es nicht erklären, aber sie begann eine riesige, innere Liebe für all das zu empfinden, was sie umgab; sie war tief bewegt von den Buchen und voller Dankbarkeit für die Erde.

Marco, Leo und Sara bewunderten ebenfalls die märchenhafte Landschaft, die der Buchenwald zeichnete. Nach einer Weile gelangten sie zur einer atemberaubenden Schlucht. Ein Bergfluss, der das Wasser von den verschneiten Gipfeln bis zu den Flüssen auf der Hochebene transportierte und auf seinem Weg Täler, Wälder und Felder bewässerte, durchfloss die Schlucht. Sie konnten das Plätschern der Strömung bereits deutlich vernehmen, die bei jedem Wasserfall auf die Steine prasselte. Der Wanderweg führte sie zum Flussufer, der Klang und die besondere Energie des Sturzbaches zogen sie an.

Als sie am Rande des Ufers ankamen, sahen sie eine riesige, majestätische Buche, die den Ort zu beaufsichtigen schien. Die Freunde grinsten von einem Ohr zum anderen. Ein Wasserfall ist wie ein riesiger Wasserfreizeitpark: Man kann ihn durchqueren und an ihm hinunterlaufen, von Stein zu Stein springen, an seinem Ufer tausend Spiele spielen oder in den kleinen Becken im Sommer neues und diverses Tierleben beobachten, das nur an Ufern oder unter Wasser existiert. Dieses glasklare Wasser war herrlich, man konnte sogar die Forellen sehen, die am Grund schwammen.

Sara und Carmen knieten sich hin und beugten ihren Kopf so weit nach vorn, dass ihre Nasenspitzen fast die Wasseroberfläche berührten. Sie wollten die Fische und das Flussbett ganz genau betrachten. Die Mädchen mochten Bäche und Bergflüsse besonders gern, denn im Sommer sind sie die perfekte Abkühlung und spenden Energie. Sie liebten es, zu schwimmen und in das Süßwasser einzutauchen, aber dafür mussten sie noch ein paar Monate warten, bis es wieder

warm genug war. Als auch die Brüder sich setzten, um den Fluss zu bewundern, kam eine Stimme aus dem Wasser:

„Hey, ihr Entdecker, ihr mögt meinen flüssigen Körper, nicht wahr? Es ist einer der längsten der ganzen Natur. Manche von uns können tausende Kilometer lang sein."

Die Kinder wussten ganz genau, dass es der Fluss war, der zu ihnen sprach.

„Hallo, Herr Fluss, sehr erfreut", sagte Sara sofort begeistert.

„Ich sehe, dass es euch sehr gut geht und ihr bereit seid für das letzte Abenteuer dieses magischen Ortes. Bevor ich euch der Walddame vorstelle, lasst mich euch im Namen der Flüsse um dringende Hilfe bitten. Ihr seid die nächste Erwachsenengeneration und deshalb die einzigen, die eine Lösung für dieses Problem finden können. Wenn es nicht gelöst wird, wird es euer Leben sehr erschweren."

„Um welches Problem handelt es sich?", fragte Sara besorgt.

„Ich fürchte, es geht um zwei Probleme", antwortete der Fluss. „Die Verschmutzung und die Dürre, die eng miteinander verknüpft sind. Der Mensch hat es geschafft, den Planeten in eine große Müllhalde zu verwandeln, auf der man nur atmen kann, wenn man in einen Wald geht. Die Wälder sind wegen des unkontrollierten Bäumefällens allerdings davon bedroht, zu verschwinden. Es ist so, als ob ihr euer Haus mit dem Müll des ganzen Viertels füllen würdet. Niemand tut dies mit seinem Zuhause, oder? Der Mensch schon, in seinem unaufhörlichen Wettlauf um Geld für jeden Preis. Um den Wunsch nach mehr Konsum zu befriedigen, muss er eine außergewöhnlich hohe Zahl an Konsumobjekten produzieren, die nicht nur unnötig sind, sondern auch noch eine riesige Menge an Abfall erzeugen, von dem mancher giftig ist – wie die Pestizide und andere Chemikalien, die die Atmosphäre, die Flüsse und Meere verschmutzen. Wenn es so weitergeht, werden bald die natürlichen Ressourcen der Erde verschwinden, denn es gibt weder so viel Holz und Mineralien noch Erdöl auf unserem Planeten. Und obendrein verändert diese Verschmutzung gepaart mit der Abholzung der Wälder auch das Klima und verwandelt den Boden nach und nach in eine Wüste. Das Land leidet unter immer stärkeren Dürren. Die Gletscher schmelzen, Flüsse wie ich trocknen aus, es regnet weniger und das Wasser wird knapp. Aber ohne Wasser gibt es kein Leben auf unserer Erde.

Ihr werdet vielleicht sagen: Und was hat das Ganze mit uns zu tun? Sehr viel sogar, weil ihr auch schon Konsumenten seid, oft verblendet vom Fernsehen. Es ist das Medium, durch das die Firmen zu euch sprechen, die den Planeten am meisten verschmutzen. Sie präsentieren ihre Produkte besonders verführerisch und so, als seien sie unbedingt notwendig, damit ihr sie kauft oder eure Eltern darum bittet, sie euch zu kaufen. Nur ein Beispiel: Smartphones. Wisst ihr, was es bedeutet, dass jedes Jahr ein Kind wie ihr sein Handy loswerden möchte, um ein neues Modell zu bekommen, das es eigentlich überhaupt nicht braucht? Es bedeutet, dass jährlich drei Millionen Tonnen gefährlicher Abfall entstehen, der nicht wiederverwendet wird, und dass riesige Mengen Kohlenstoffdioxid in die Atmosphäre gelangen, die bei der Produktion in den Kraftwerken entstehen. Je nach Hersteller wird dabei auch die Kinderausbeutung in Ländern wie dem Kongo unterstützt, wo man ein Mineral, das für die Produktion von Handybatterien unentbehrlich ist, abbaut. Wir müssen unser Bewusstsein verändern – das ist das, was Yoga macht. Es hilft uns, zu sehen, dass alles miteinander verbunden ist. Und es hilft dir, für dich selbst zu denken, ohne dass du dich betrügen lässt. Man muss wissen, was man sich kauft: Brauche ich es unbedingt? Ist es gesund oder gut für mich? Woher kommt es und woraus wird es hergestellt? Hat es dem Planeten oder anderen Menschen während seiner Produktion Schaden zugefügt?“

„Um genügend Palmöl zu haben, wurden jahrelang Regenwälder vernichtet, in denen unter anderem Orang-Utans lebten. Da sehr viele Orang-Utans ihre Heimat verloren und keine Nahrung mehr fanden, sind sie nun vom Aussterben bedroht“, erzählte Carmen ernst und unterbrach damit den Fluss.

„So ist es, das ist ein gutes Beispiel“, führte der Fluss fort. „Unsere Entscheidungen und Handlungen müssen einer Weisheit folgen. Es geht nicht nur darum, sich zu merken, was in den Büchern steht, sondern auch darum, die Fähigkeit zu erlernen, Dinge zu bemerken. Ihr könnt in eurem Alltag weniger konsumieren und den Planeten so besser beschützen, indem ihr Wasser und Energie spart und recycelt, indem ihr es vermeidet die Natur zu verschmutzen, indem ihr weniger und schlauer einkauft. Wir geben euch später ein paar fantastische Ideen zum Recyceln und für ökologische Spiele, damit ihr mit der Veränderung beginnt und aus eurem Zuhause einen besseren Ort macht, der sauberer und gerechter ist.

Doch zurück zu den Flüssen: Ich habe etwas mehr Glück, denn ich bin ein Wasserfall in den Bergen und meine Gewässer sind noch nicht so verschmutzt. Zumindest hier oben nicht, denn ein paar Kilometer weiter unten wird das ganze komplizierter. Aber meine Ufer und ich sind noch immer Unterschlupf für viele Amphibien, wie die Molche und Salamander, die durch die Wasserqualität und -verschmutzung in ihrer Anzahl sehr geschrumpft sind. Das Gleiche gilt für den Bisamrüssler, einen kleinen und sympathischen Wassermaulwurf. Schaut mal, genau dort ist grad einer, hinter diesem Stein! Sie sind sehr scheu, ihr habt ganz schön Glück gehabt.“

„Wow, ich habe noch nie einen Bisamrüssler gesehen!“, rief Marco. „Wie schön er ist! Seine Nase sieht aus wie eine Trompete. Schade, er taucht unter!“

„Ja, sie sind schwer zu entdecken und sehr selten. Wenn wir sie nicht beschützen, wird es bald keine mehr geben, so wie es bereits mit den Glühwürmchen passiert“, fügte der Fluss hinzu. „Und schaut mal dort, ein Eisvogel;

seht wie schön seine farbigen Federn sind. Er ernährt sich von kleinen Fischen aus meinem Wasser, solange es einigermaßen sauber ist.

Nun gut, es ist Zeit, mich zu verabschieden, denn weiter unten werden sie mir Wasser entnehmen, um die herbstlichen Gemüsegärten zu gießen, die sich in der Nähe des Dorfes befinden. Die Kürbisse sind schon fast reif. Danke, dass ihr mir zugehört habt, und vergesst nicht: Versucht, wie ich zu sein, fließend und flexibel. Bis dann, Freunde. Ich lasse euch mit dem weisesten und ältesten Wesen des Ortes allein, der Walddame. Sie hat nun das Wort."

Die Kinder sahen keine Dame, da stand nur noch die beeindruckende Buche hinter ihnen, die genau wie ihre Schwestern den Anschein machte, als ob sie wieder ergrünt wäre.

„Sehe ich etwa nicht aus wie eine Dame?", äußerte sich der magische Baum mit einem Schmunzeln.

„Also ich habe für einen Moment geglaubt, dass du es sein könntest", antwortete Carmen, „oder zumindest habe ich das gehofft."

„Hahaha, das macht nichts. Euer Abenteuer neigt sich dem Ende, meine lieben Kinder, und ich bin damit beauftragt, es zu Ende zu bringen und euch zurück nach Hause zu führen. Natürlich nur unter der Bedingung, dass ihr das Weisheitsrätsel löst."

„Wie schade, dass es bald vorbei ist! Obwohl – nun steht auch viel Arbeit an, die aber natürlich auch viel Spaß macht", bemerkte Sara.

Die Buche schüttelte einige Blätter ab, die wie Regen auf die Köpfe der vier Kinder prasselten, und fuhr mit ihrer Rede fort.

„Ihr Lieben, ich möchte euch von der Liebe erzählen und von ihrer unglaublichen und magischen Kraft, die uns so gut tut."

„Ich liebe meine Eltern und meine Familie sehr", unterbrach Leo.

„Hahahaha, das bezweifle ich nicht", lachte die Buche. „Aber kannst du dich wirklich in sie hineinversetzen? Hör zu: An einem Nachmittag am Wochenende zum Beispiel, an dem du sehr viel Freizeit hast und dich gut ausgeruht hast und viel gespielt hast, bittest du deine Mutter oder deinen Vater vom Sofa aus darum, dir etwas zu reichen oder noch mal mit dir Play-Station zu spielen. Hast du da schon mal daran gedacht, dass sie nachgeben, weil das, was sie am allermeisten wollen, ist, dass du glücklich bist? Ist dir bewusst, dass sie ‚Ja' sagen, obwohl sie den ganzen Tag nicht aufgehört haben, Dinge zu machen und zu arbeiten und eigentlich noch putzen müssen und das Abendessen vorbereiten und noch nicht einmal Zeit gehabt haben, um ihren Hobbies nachzugehen? Nein, oder? Nun, sie sind oft sehr erschöpft und müssen sich auch mal ausruhen oder ein Buch lesen oder mit ihren Freunden ausgehen.

Wenn man wirklich ohne Egoismus liebt, arbeitet man daran, sich in die andere Person hineinzuversetzen. Das nennt man Mitgefühl oder Empathie und das ist das, was eure Eltern machen – nicht nur um etwas zu bitten und Dinge zu verlangen, sondern auch etwas zu tun, damit die anderen glücklich sind. Ihr müsst lernen, die Dinge zu teilen. Zunächst eure Zeit, indem ihr zuhause und auch anderswo mehr helft, zum Beispiel Menschen oder Freunden, die Hilfe brauchen. Auch indem ihr euer Essen, eure Spielsachen und Wissen teilt, nicht alles für euch beansprucht oder geizig seid. Man fühlt sich so gut, wenn man gibt und wenn man teilt. Schaut euch mal das Universum und den Planeten an: Sie tun nichts anderes als zu geben, ohne dafür etwas zu verlangen – das Licht, die Wärme, die Luft, das Wasser, die Nahrung – und ihr wisst schon, wie der Mensch es ihnen zurückzahlt. Hass und Egoismus sind die destruktivsten Kräfte von allen und das Ergebnis von Unwissenheit. Allerdings gibt es eine Energie, die befreiend ist und dich wirklich wie einen Helden fühlen lässt: das bedingungslose Lieben und Teilen.

Wenn dich in der Schule jemand beleidigt, hat ebendieses Kind selbst ein Problem. Sein Herz ist noch ein bisschen verschlossen und es sieht die Dinge nicht mit Klarheit. Tappe nicht in die gleiche Falle, hasse es nicht oder sei nicht sauer deswegen, sondern versuche dich in seine Lage zu versetzen. Vielleicht hat es gerade Probleme zuhause und braucht Aufmerksamkeit, oder es fühlt sich minderwertiger als du und ist deshalb wütend. Wer weiß, worunter das Kind gerade leidet. Wenn wir Ablehnung oder Hass empfinden, weil wir jemanden nicht mögen, ist es kein schönes Gefühl. Deswegen höre nicht darauf, sondern ignoriere dieses Kind und versuche vielleicht in einem ruhigeren Moment, mit ihm zu reden. Mitgefühl zu haben und anderen nichts Schlechtes zu wünschen bedeutet aber nicht, dass man ungerecht zu uns sein darf: Lasst es nicht zu, dass man euch missbraucht, schlägt oder bedrängt; bittet um Hilfe und solidarisiert euch mit den Kindern, die Opfer von Missbrauch sind. Wenn ihr miterlebt, dass ein Kind von anderen schlecht behandelt wird, zeigt ihm sofort Hilfsbereitschaft und Zuneigung und erzählt es anschließend gemeinsam euren Eltern und Lehrern.

Ich glaube nicht, dass es ein größeres Ziel im Leben gibt als die Liebe. Man fühlt sich doch so glücklich, wenn man geliebt wird, stimmt's? Lernt deshalb, euch in eure liebsten Menschen hineinzuversetzen, in Familienmitglieder und Freunde, danach in andere. So lange, bis ihr spürt – wie ihr es jetzt bereits ein wenig tut –, dass dieser Wald auch Teil von euch ist, wie die gesamte Natur, die wir lieben und pflegen müssen.

Es wird spät und ihr möchtet bestimmt bald nach Hause. Hier, Carmen, das sind das letzte Pergament und ein kleines Familienhandbuch, damit ihr eure Werte und Yogatechniken mit euren Eltern teilen könnt. Es war mir ein Vergnügen, euch in meinem Reich zu haben!

Nun ist Zeit für euer Rätsel. Nehmt euch Zeit, bevor ihr antwortet. Wenn die Antwort richtig ist, erscheint der Rückweg zum Dorf direkt hinter mir. Los geht's, passt auf:

„Wenn du es anderen geben kannst, bedeutet es, dass du weise bist.

Du kannst es nicht anfassen oder sehen, aber dank ihr bist du geboren.

Du empfängst es jeden Tag, aber schätzt es nicht.

Es ist das, was dich auf der Welt am glücklichsten macht. Was ist es?“

Die Kinder versammelten sich, schlossen eine Antwort nach der anderen aus, legten kleine Denkpausen ein. Nach einer dieser Pausen sagte Carmen mit einem großen Lächeln:

„Die Walddame hat gesagt, dass wir immer glücklich sind, wenn man uns liebt – und das stimmt. Ist es nicht die Liebe? Denkt mal eine Sekunde nach: Ihr könnt es nicht anfassen, auch nicht sehen, aber wir sind durch die Liebe geboren, die es zwischen unseren Eltern gab; wenn wir unseren Egoismus besiegen und unsere Unwissenheit, sind wir bereit, den anderen mehr zu geben. Also werden wir weise, indem wir lieben. Es muss die Liebe sein, da bin ich sicher!“

„Ja, ja, es ist die Liebe, die Liebe!“, riefen alle mit Nachdruck und drehten sich zu der beeindruckenden Buche um, die mit einer nickenden Geste der Baumkrone die Lösung bestätigte.

Die Sonnenstrahlen wurden immer heller und begannen, die Kinder ein wenig zu blenden. Die vier tauchten in einen Ozean aus reinem und glänzendem Licht, das alles überschwemmte. Es schien sogar, als ob die Luft ihre Poren durchdrang. Sie versuchten, in diesem warmen und friedlichen Lichtmeer voranzukommen, während sie langsam den Wanderweg zurück nach Hause erkennen konnten.

WIE MAN MITGEFÜHL UND WEISHEIT GEWINNT, INDEM MAN DEN EGOISMUS VERTREIBT

1. YOGA-HALTUNGEN, DIE DIE BEDINGUNGSLOSE LIEBE ZU ALLEN FÖRDERN

HALTUNG DES PENDELS

Stell dich gerade hin, die Füße sind geschlossen, der Rücken ist gerade. Atme ein, pendle mit dem Oberkörper nach links und strecke deine Arme dabei nach rechts, während du mit dem Blick deinen Händen folgst. Halte diese Position und stell dir vor, dass du liebevoll die Natur begrüßt. Wechsle die Seiten und mach das Gleiche.

HALTUNG DES GEDREHTEN REIHERS

Setz dich auf den Boden, beuge dein rechtes Bein und bringe deinen rechten Fuß an die Außenseite des linken Sitzbeinhöckers. Greife mit deiner rechten Hand deinen linken Knöchel und hebe dein linkes Bein hoch. Drehe dabei deinen Oberkörper nach links und strecke deinen linken Arm nach hinten. Öffne den Brustkorb und dein Herz weit und achte auf deine Atmung. Komm dann zur Mitte zurück und wechsle die Seiten.

HALTUNG DER NORMALEN DREHUNG, VAKRASANA

Setz dich mit ausgestreckten Beinen auf die Matte, der Rücken ist gerade. Beuge das rechte Bein und stelle den rechten Fuß auf Außenseite des linken Knies. Atme ein und strecke den Rücken. Mit der Ausatmung drehe deinen Oberkörper nach rechts und stelle deine rechte Hand hinter dir auf. Beuge deinen linken Ellenbogen und verhake ihn vor dem rechten Knie. Blicke über die rechte Schultern. Bleibe für eine oder zwei Minuten ruhig atmend in dieser Haltung und konzentriere dich darauf, wie deine Brust sich immer weiter öffnet. Danach kommst du zurück zur Mitte und wechselst das Bein

HALTUNG DES BOGENS

Lege dich bäuchlings auf den Boden. Atme ein, beuge die Knie und greife deine Knöchel mit den Händen. Mit der Ausatmung hebe den Rumpf und die Beine. Stell dir dein Herz in deiner Brust bildlich vor: Es steht sehr weit offen und alle Kreaturen des Universums, Tiere, Menschen und Pflanzen, passen hinein.

HALTUNG DES BOGENS

HALTUNG DES PENDELS

HALTUNG DER NORMALEN DREHUNG, VAKRASANA

HALTUNG DES GEDREHTEN REIHERS

HALTUNG DES BAUMES MIT SEITLICHER BEUGUNG

NACHDENKLICHE HALTUNG

MEDITATION FÜR DIE EINHEIT MIT DER NATUR

2. MEDITATIONEN DES MITGEFÜHLS UND DES EINHEITSBEWUSSTSEINS

MEDITATION FÜR DIE EINHEIT MIT DER NATUR

Setz dich, wenn du im Garten oder in einem Park bist, dem natürlichen Element gegenüber, das dich am meisten anzieht. Das kann ein Baum sein oder eine Blume, ein Tier, ein Fluss, ein Wasserfall. Wenn du zuhause bist, reicht natürlich auch eine Topfpflanze. Und nun schau es dir ganz genau an und begutachte alle Einzelheiten - die Farben, die Beschaffenheit, die Größe und die Form. Nach zwei oder drei Minuten, schließt du langsam deine Augen und versuchst mit der größten Genauigkeit, das Bild auf deinem geistigen Auge nachzubilden. Tue dies, indem du ein liebevolles Gefühl an dieses Wesen oder Naturelement schickst, während du das Bild vor deinem inneren Auge behältst, so als ob du dich in dieses Tier, den Baum oder den Wasserfall verwandeln würdest.

MEDITATION FÜR DAS MITGEFÜHL MIT UNSEREN MITSCHÜLERN

Wähle jemanden aus deiner Schule, der nicht zu deinen besten Freunden gehört oder den du vielleicht nicht so gut leiden kannst (das wäre am besten). Nun versuche, deinen Kopf mit dem Bild vom Gesicht der Person zu füllen, und beginne, ihr deine besten Glückwünsche, dein ganzes Verständnis und deine Zuneigung zu schicken. Denke daran, dass die Person, genau wie du, manchmal durch Schwierigkeiten geht, sie nicht immer alle Dinge versteht, mal sauer sein kann oder unsicher, aber dass sie im Grunde gut ist und sich wünscht, dass man nett zu ihr ist – genau wie du.

KAPITEL 8

Das letzte Rätsel und ein Familienhandbuch

Die hellen Sonnenstrahlen drangen durch die Fensterscheiben und füllten Carmens Zimmer gänzlich mit Licht. Die Augenlider des Mädchens öffneten sich langsam, während ihr Körper sich unter der Bettdecke räkelte.

„Oh nein, das kann nicht sein, das muss ein Traum gewesen sein!“, beklagte sich Carmen, als sie bemerkte, dass heute der Tag war, an dem sie sich mit ihren Freunden zu einem Ausflug verabredet hatte.

Sie dachte einen Moment nach und erinnerte sich an all die erlebten Abenteuer im Traum. Fast konnte sie noch den Geruch des Waldes wahrnehmen, den Blick des Wolfes, wie sich die Rinde der Bäume anfühlte. Nach und nach verflog ihr Ärger darüber, dass es nicht wirklich passiert war. Sie beruhigte sich damit, dass sie es wenigstens teilweise miterlebt hatte und es wundervoll gewesen war. Schließlich stand sie auf und fing an, sich fertig zu machen. Ihre Mutter wollte sie zu Sara bringen, wo alle Freunde sich verabredet hatten, um aufs Land zu fahren.

Als die vier Freunde endlich in Saras Küche vor ihren Toasts saßen, kam keine Unterhaltung zustande, die über ein „Kannst du mir bitte die Marmelade reichen“ hinausging. Abgesehen von regelmäßigem Kauen herrschte Stille am Tisch, denn die Kinder waren in ihre Gedanken vertieft. Es sah so aus, als ob die Aufregung, die gestern Nachmittag noch am gleichen Tisch geherrscht hatte, ganz verflogen sei. Sie sahen einander an. Carmen wusste nicht, ob sie den anderen von ihrem Traum erzählen sollte.

„Los, Kinder, macht euch langsam fertig. Ich bringe das Gepäck schon mal ins Auto und warte dort auf euch“, rief Fernando im Vorbeigehen in die Küche.

Die Kinder standen auf und gingen durch das Esszimmer, wo sie ihre Jacken hatten. Auf einmal erstarrte Marco auf der Stelle: Er hatte den Blick auf den Kamin gehoben und den indischen Holzelefanten erblickt, der auf ein paar Zetteln stand, die ihm sehr bekannt vorkamen. Carmen, die das bleiche Gesicht ihres Freundes gesehen hatte, blickte in die gleiche Richtung, während Marco langsam auf den Kamin zuging.

„Das kann nicht sein“, sagte Carmen und erkannte die alten Papiere, auf denen der Elefant der vier Wünsche stand.

Sara und Leo reagierten ebenfalls und beobachteten die Szene, während Marco den Elefanten hochhob und die Blätter, die wie Pergamente aussahen, in seine Hände nahm. Carmen stand bei Marco. Als sie sein Gesicht sah und das, was er in den Händen hielt, fragte sie:

„Du hast das auch geträumt, nicht wahr?“

Marco nickte stillschweigend mit dem Kopf.

„Ich auch“, sagte der kleine Leo, nachdem er die weisen Ratschläge des Waldes auf dem vergilbten Papier erblickt hatte.

Sara rief mit weit aufgerissenen Augen:

„Es ist glasklar, dass wir alle in der Nacht das gleiche Abenteuer erlebt haben! Aber wenn es nur ein Traum war – wie kann es sein, dass hier die sechs Pergamente und das Familienhandbuch liegen?“

Von den Ereignissen noch immer wie versteinert, fingen die Kinder langsam an, innerlich unruhig zu werden. Nun, ohne es erklären zu können, schien das Abenteuer auf irgendeine Weise doch stattgefunden zu haben.

„Wartet mal, es ist doch kein Zufall, dass diese Papiere genau unter dem Elefanten aufgetaucht sind, glaubt ihr nicht auch?“, sagte Carmen. „Welchen Wunsch habt ihr in eure kleine Schachtel gesteckt? Ich habe geschrieben, dass ich glücklich sein möchte.“

„Echt? Ich auch!“, sagte Sara, während die Brüder zugaben, den gleichen Wunsch aufgeschrieben zu haben.

„Es war die Magie des heiligen Yoga-Elefanten! Er wollte uns den Wunsch erfüllen ... nun gut, in Wirklichkeit hat er uns den Weg aufgezeigt, wie wir uns den Wunsch selbst erfüllen können. Und WIE er das gemacht hat!“, sagte Marco mit einem verschwörerischen Lächeln zu seinen Freunden.

Voller Zufriedenheit hoben sie die Anleitungen des Waldes in einer Kiste von Sara auf, damit sie sie später benutzen könnten. Die Freunde freuten sich auf einen aufregenden Tag in der Natur, die sie nun mit ganz anderen Augen betrachten und respektieren würden. Denn sie wussten nun, dass sie ein untrennbarer Teil von ihnen war.

ENDE

MINI-FAMILIENHANDBUCH FÜR YOGA UND BEWUSSTSEIN

EINE KLEINE NACHRICHT FÜR MAMA UND PAPA

Mama, Papa, es ist wirklich wichtig, dass wir uns regelmäßig entspannen und bewusst unsere Freizeit genießen. Nur so werden wir wirklich glücklich und finden unser inneres Gleichgewicht. In diesem kleinen Handbuch gibt es viele schöne Ideen, wie wir als Familie lernen und wachsen können.

ÜBUNGSTAFELN FÜR HATHA YOGA UND MEDITATION

Hier findest du sieben Yoga-Tafeln, eine für jeden Tag in der Woche. Du kannst auch die Haltungen kombinieren und somit neue Tafeln erzeugen. Wenn du nicht genug Zeit hast, kannst du die erste und die letzte Haltung weg lassen. Nach jeder Yoga-Tafel solltest du noch folgende Übungen in der genannten Reihenfolge durchführen: drei Minuten Atmung, drei Minuten Entspannung, vier Minuten Meditation. Diese drei Übungsarten kannst du aus den nach jedem Kapitel aufgezählten Übungen wählen.

Vergiss nicht: Du musst nicht täglich üben, aber versuche mindestens zwei bis drei Tage pro Woche zu praktizieren. Bleibe so lange in jeder Haltung, wie du kannst, atme tief und bewusst und löse alle Spannungen in deinem Körper. In den asymmetrischen Haltungen musst du anschließend die Seite wechseln. Ruhe dich nach jeder Haltung mindestens 30 Sekunden bewusst aus: Wenn du Übungen auf dem Boden machst, ruhst du dich im Liegen aus, bei Übungen im Stehen ruhst du im Stehen.

MONTAG

DIENSTAG

1

2

3

4
HAPPY

5

6

DONNERSTAG

FREITAG

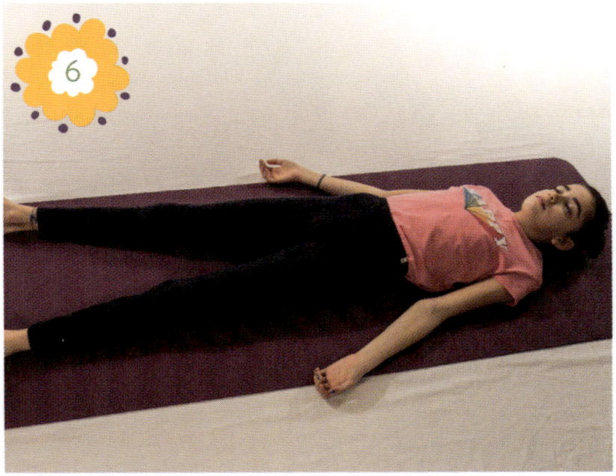

SAMSTAG

SONNTAG

BEWUSSTE AKTIVITÄTEN MIT FREUNDEN ODER DER GANZEN FAMILIE

BESUCH BEI EINEM UMWELTBILDUNGSZENTRUM

Diese Aktivitäten könnt ihr auch euren Lehrern vorschlagen, damit ihr sie von der Schule aus machen könnt und auch andere Schüler davon profitieren. Ihr könnt sie aber natürlich auch mit euren Eltern unternehmen.

1. **Aktivitäten mit der Familie an der frischen Luft** Plane einen Tag auf dem Land für euch alle gemeinsam, an dem ihr eine ökologische oder beobachtende Aktivität ausübt: einen Fluss säubern, einen Baum pflanzen, Vögel beobachten, Baumarten erkennen, Pilze sammeln usw.

2. **Ökologische Brettspiele spielen** Es gibt viele Spiele, die mit ökologischen Themen zu tun haben. Das macht Spaß und erweitert unsere Kenntnisse auf diesem Gebiet.

3. **Schatzsuche** Hier bereitet man eine Route in der Natur vor, die einer erdachten Geschichte folgt und bei der Hinweise an bestimmten Orten versteckt werden. Durch die Hinweise muss man ein Rätsel oder eine Aufgabe lösen, die mit der Umwelt zu tun hat. Ist die Aufgabe gelöst, kommt man dadurch zum nächsten Versteck. Am Ende gelangt man so zum Schatz.

4. **Spiele in der Natur** Bittet eure Eltern, zu diesem Thema im Internet zu recherchieren. Dort findet man viele Anregungen für Aktivitäten und Spiele, die ihr in der Natur spielen könnt und bei denen ihr gleichzeitig das Klima schützt.

5. **Lesen von unterhaltsamer oder bildender Literatur fördern** Eine gute Idee, um Leidenschaft fürs Lesen zu wecken, ist es, kleine, theatralisch inszenierte Lese-Sessions abzuhalten. Die Eltern fangen an, ein spannendes und inspirierendes Buch vorzulesen, und lesen so kreativ, als wären sie Schauspieler. Das weckt die Neugierde und den Drang zu wissen, wie es weitergeht. Wählt am besten Geschichten mit Rätseln oder Abenteuern.

6. **Heute kochen wir gesund, umweltfreundlich und mit Freude** Organisiert ein gemeinsames Essen, bei dem ihr selbst die Köche seid und eure eigenen Rezepte aussucht. Versucht dafür Zutaten auszuwählen, die nicht aus Plastikbehältern kommen, nicht auf eine umweltschädigende Weise hergestellt wurden, keine Chemikalien beinhalten und von der Industrie so wenig wie möglich verarbeitet wurden.

7. **Sommercamps mit einem ökologischen Schwerpunkt** Es gibt viele Optionen für

Jugendcamps in den Schulferien. Eine davon ist ein Camp auf einem Kinderbauernhof, in dem die Liebe zur Natur geweckt wird, ein nachhaltiger Lebensstil und Respekt im Umgang mit der Natur nähergebracht und den Kindern gezeigt wird, wie sie im Alltag dazu beitragen können, sich ökologischer zu verhalten.

8. **Einen kleinen Stadtgarten pflanzen, wenn du in der Stadt wohnst** Du brauchst nur ein paar Blumentöpfe oder -kästen, ein paar Pflanzensamen und eine kleine Ecke in der Sonne, auch wenn es bloß auf dem Balkon oder der Terrasse ist. Im Internet findest du bestimmt viele Ideen, um deine eigenen Tomaten, Erdbeeren, Paprika oder Salatköpfe anzupflanzen und sie aufblühen und wachsen zu sehen. Das Beste daran: Am Schluss kannst du sie für den eigenen Verbrauch ernten.

9. **Vogelnester für Vögel bauen** Im Frühling kannst du kleine Nester bauen und Nistkästen für die Vögel aufhängen. Im Winter aber auch im Sommer freuen sich die Vögel über Futtert und Trinkschalen. Besonders, wenn du in der Stadt lebst.

UNVERGESSLICHE FILME, DIE MEHR BEWUSSTSEIN SCHAFFEN

Filme sind ein wunderbares Werkzeug, um an den eigenen Emotionen, der Empathie und dem Bewusstsein zu arbeiten und es in Bezug zur Umwelt zu setzen. Man kann nach dem Film gemeinsam darüber diskutieren, was wohl die Botschaft des Filmes gewesen sein mag, was der Film uns gezeigt hat, wie wir diese Nachricht auf unseren Alltag anwenden oder was wir im Film am tollsten fanden.

1. DER LORAX

Ein Film, der es geschafft hat, Kinderherzen zu erobern und ihnen zu zeigen, wie die Menschen es fertig brachten, einige der wertvollsten Güter der Natur aufzubrauchen. Der Film spricht sich auch dafür aus, Produkte ohne Plastik herzustellen.

2. WALL•E

Aufregend, lustig und kritisch im Hinblick auf die Umwelt – so könnte man dieses fantastische Abenteuer zusammenfassen, in dem der Protagonist, ein Müll beseitigender Roboter namens WALL•E, einen Schlüssel entdeckt, um die Welt vor der Abholzung und dem Übermaß an Konsum zu retten.

3. BÄRENBRÜDER

In den Wäldern des Nordostens der USA lebt ein indigenes Kind namens Kenai, den die Großen Geister in einen Bären verwandeln, das Tier, das er am meisten hasst. Kenai freundet sich mit einem Bärenjungen an, während sein Bruder (der nicht weiß, dass Kenai nun ein Bär ist) ihn verfolgt, um ihn zu töten.

4. DER FUCHS UND DAS MÄDCHEN

Eines herbstlichen Morgens entdeckt ein Mädchen einen kleinen Fuchs in der Nähe ihres Hauses. Fasziniert von seiner Schönheit, entscheidet sie sich, ihre Ängste hinter sich zu lassen und zu einem Treffen in einer wilden und geheimen Gegend zu kommen, die sie sich nie hätte erträumen können. Die Freundschaft, die zwischen dem Mädchen und dem Fuchs entsteht, überkommt alle kommunikativen Barrieren, die die Menschen von den Tieren trennen. Ein Abenteuer mitten in der Natur, welches das Leben von Kindern und ihre Sicht auf die Welt tief verändern wird.

5. BELLE & SEBASTIAN

Sebastian ist ein Junge, der mit seinem Opa César in den Alpen wohnt. Dieser zeigt ihm, dass man die Gamsweibchen im Sommer nicht töten darf, da sie dann mit ihren Jungen unterwegs sind. Das gilt auch für die Hirsche in ihrer Brunftzeit, weil sie dann am verwundbarsten sind. Sebastian muss sich vor der „Bestie" in Acht nehmen, dem wilden Hund, der in den Tälern Schafe tötet.

Doch es dauert nicht lange, bis sich die beiden begegnen.

6. WIE BRÜDER IM WIND

Die Geschichte beginnt damit, wie ein Adler zwei Küken aufzieht. Im Nest schubst der Erstgeborene seinen schwächeren Bruder in den sicheren Tod auf den Boden des Waldes. Doch das Schicksal greift ein und Lukas, ein Kind, das auf dem Berg wohnt, findet das Küken und pflegt es heimlich. Es gibt ihm die Liebe und Gesellschaft, die man ihm zuhause verweigert hat.

7. MIDNIGHT SUN – EISBÄR AUF REISEN

In den eisigen Landschaften des Nordens von Kanada trotzt Luke den Gefahren der Natur und der Unbarmherzigkeit des Winters, um einem jungen Polarbären zu helfen, seine Mutter wiederzufinden.

8. ALASKA

Pilot Jake Barnes ist mit Tochter Jessie und Sohn Sean nach dem Tod seiner Frau von Chicago in ein abgelegenes Fischerdorf in Alaska gezogen, wo eine Katastrophe die Geschwister vor die größte Herausforderung ihres Lebens stellt.

9. PLANET EARTH

Die Reihe sprengt alle bisherigen Grenzen der Naturdokumentation. Sie zeigt die Welt, wie sie nie zuvor zu sehen war – von den großen Flüssen und beeindruckenden Schluchten, bis hin zu riesigen Wüsten und weiten Feuchtgebieten.

10. JACK UND DAS KUCKUCKSUHRHERZ

Das Leben des kleinen Jack wird von Anbeginn von einem ungeheuren Schicksal bestimmt. Er kam in der kältesten Nacht zur Welt, die Schottland je erlebt hat und weil sein Herz in jener Nacht zu Eis gefror, ersetzte es die Hebamme kurzerhand durch eine Kuckucksuhr. Seither muss Jack jede heftige Gefühlsbewegung in seinem Leben vermeiden, sie könnte für ihn den Tod bedeuten. Jahre später passiert, was passieren muss: Jack trifft eine bezaubernde Sängerin.

Weitere tolle Filme sind:
Alaska, Baraka, Amy und die Wildgänse, Das Dschungelbuch, Alles steht Kopf, Home - Ein smektakulärer Trip, Coraline, Kikis kleiner Lieferservice, Drachenzähmen leicht gemacht, Hennen rennen und Briefe an Gott.

ANDERE RATSCHLÄGE

- *Ihr könnt versuchen, den Gebrauch von mobilen Geräten zu reduzieren. Freizeitaktivitäten ohne elektronische Geräte und starke visuelle Reize fördern Entspannung und Kreativität. Dieser Rat gilt für alle, Eltern wie Kinder.*

- *Kinder können bereits im Haushalt helfen und Verantwortung übernehmen. Die Aufgaben können so ausgeführt werden, dass bestimmte Ressourcen wie Wasser, Licht und Plastik besonders achtsam verwendet werden.*

- *In andere Länder zu reisen erweitert den Horizont und lässt uns von der Diversität der Menschen und Kulturen lernen. In jungen Jahren zu reisen, ist eine unglaublich tolle Erfahrung, die uns hilft, empathischer und scharfsinniger zu sein und unsere eingeschränkte Sicht auf die Dinge zu ändern.*

- *Bewegung ist die Grundvoraussetzung, um uns körperlich und psychisch gut zu fühlen. Öfter mal das Fahrrad oder die öffentlichen Verkehrsmittel zu nutzen anstatt des Autos öffnet unseren Blick für die Umgebung und ist außerdem umweltschonender.*

- *Mindestens zweimal in der Woche Sport zu treiben und uns an der frischen Luft zu bewegen unterstützt eine ausgeglichene Lebensweise.*

NOTIZEN

Über die Autorin

Violeta Arribas (geb. 1975) verließ die Unternehmenswelt, um ihrem Herzen zu folgen und sich in Spanien als Yoga- und Meditationslehrerin bei Ramiro Calles und in Indien bei verschiedenen Lehrern ausbilden zu lassen. Außerdem erhielt sie einen akademischen Grad in ayurvedischer Gesundheit in Kerala, Indien.

2007 eröffnete sie in Madrid das Padmasana-Zentrum. Mithilfe von Psychologie, Yoga, Meditation und ayurvedischer Medizin machte sie dort die Bewusstseinsentwicklung bekannt und bot Methoden an, um eine perfekte Harmonie zwischen Körper, Geist und Herz herzustellen.

Als begeisterte Leserin und Reisende war sie schon fünfzehn Mal in Indien. Insgesamt hat sie mehr als zwanzig Länder der fünf Kontinente bereist, fast immer angetrieben von ihrer anderen großen Leidenschaft, der Natur.

Als Bergliebhaberin und große Tierfreundin veröffentlichte sie 2016 ihr erstes Buch im Verlag Alianza Editorial, *Yoga y Ayurveda. De la ansiedad a la salud integral* (dt.: Yoga und Ayurveda. Von Angstzuständen zur integralen Gesundheit).